EFETIVIDADE DO DIREITO FUNDAMENTAL AO MEIO AMBIENTE DE TRABALHO SEGURO E ADEQUADO:

A Responsabilidade Civil do Tomador de Serviços

FÁBIO RIBEIRO DA ROCHA

Juiz do trabalho do Tribunal Regional do Trabalho da 2ª Região. Graduado em Direito pela Universidade Presbiteriana Mackenzie. Pós-Graduado em Direito Constitucional pela PUC/SP. Pós-Graduado em Direito do Trabalho e Processual do Trabalho pela FADISP. Mestre em Direito do Trabalho pela PUC/SP. Presidente da AMATRA–2 (Associação dos Magistrados do Trabalho da 2ª Região) no biênio 2016/2018. Professor do curso CETRAB (Centro de Ensino Trabalhista).

EFETIVIDADE DO DIREITO FUNDAMENTAL AO MEIO AMBIENTE DE TRABALHO SEGURO E ADEQUADO:

A Responsabilidade Civil do Tomador de Serviços

LTr 80

LTr EDITORA LTDA.

© Todos os direitos reservados

Rua Jaguaribe, 571
CEP 01224-003
São Paulo, SP — Brasil
Fone (11) 2167-1151
www.ltr.com.br
Julho, 2016

Versão impressa — LTr 5439.2 — ISBN 978-85-361-8930-7
Versão digital — LTr 8986.8 — ISBN 978-85-361-8924-6

Dados Internacionais de Catalogação na Publicação (CIP)
(Câmara Brasileira do Livro, SP, Brasil)

Rocha, Fábio Ribeiro da
Efetividade do direito fundamental ao meio ambiente de trabalho seguro e adequado : a responsabilidade civil do tomador de serviços / Fábio Ribeiro da Rocha. -- São Paulo : LTr, 2016.

Bibliografia.
1. Ambiente de trabalho 2. Direito do trabalho
3. Direito fundamental 4. Medicina do trabalho
5. Segurança do trabalho 6. Trabalho e classes trabalhadoras - Doenças I. Título.

16-04702   CDU-34:331.422

Índice para catálogo sistemático:
1. Direito ambiental do trabalho e saúde dos
trabalhadores : Direito do trabalho
34:331.422

À minha esposa, Milena, pelo amor incondicional, solidariedade, compreensão, coragem, sobretudo pela história comum, construída a cada dia, fonte de minha inspiração e dedicação, pelo incentivo e pela constante motivação.

Ao meu pai José e minha mãe Maria, pelo apoio eterno e pelo simples fato de existirem.

Aos meus irmãos José Carlos, Patrícia, Fabiano e Ivan que me fazem entender todos os dias o sentido de família.

Aos amigos que me fazem refletir diuturnamente sobre o sentido da vida e do estudo.

Academicamente, agradeço a todos os Professores que ministraram aulas durante o curso, com quem tive o privilégio de conviver, aprender, refletir, que, de todas as formas, auxiliaram, apoiaram e tornaram possível chegar até aqui.

Agradeço, também, ao Professor Paulo Sergio João, orientador, incentivador e essencial na função de direcionar essa dissertação.

Indispensável agradecer aos Professores Francisco Pedro Jucá e Homero Batista Mateus da Silva, pelo apoio permanente, estímulo, colaboração e amizade constante.

SUMÁRIO

RESUMO 13
PREFÁCIO 15
INTRODUÇÃO 17
CAPÍTULO I – ASPECTOS GERAIS SOBRE OS DIREITOS FUNDAMENTAIS 19
1.1 – Eficácia dos Direitos Fundamentais nas Relações de Trabalho 25
1.2 – Direito Fundamental Internacional do Trabalho 29
CAPÍTULO II – MEIO AMBIENTE DO TRABALHO 34
2.1 – A Evolução da Proteção do Meio Ambiente do Trabalho no Brasil 34
2.2 – A Proteção Internacional do Meio Ambiente do Trabalho 39
2.3 – Direito Fundamental do Trabalhador ao Meio Ambiente do Trabalho
Seguro e Adequado 44
2.4 – Princípios do Direito Ambiental e o Meio Ambiente do Trabalho 50
    2.4.1 – Princípio do Desenvolvimento Sustentável 51
    2.4.2 – Princípio da Precaução 51
    2.4.3 – Princípio da Prevenção 52
    2.4.4 – Princípio da Melhora Contínua 53
    2.4.5 – Princípio da Participação 53
    2.4.6 – Princípio do Poluidor-Pagador 54
2.5 – Instrumentos de Proteção e Prevenção do Meio Ambiente do Trabalho 55
    2.5.1 – Normas de Segurança e Saúde no Trabalho 56
    2.5.2 – Inspeção Prévia 58
    2.5.3 – Embargos ou Interdição 59
    2.5.4 – Serviços Especializados em Engenharia de Segurança e em
Medicina do Trabalho (SESMT) 60
    2.5.5 – Comissão Interna de Prevenção de Acidentes (CIPA) 63
    2.5.6 – Programa de Prevenção de Riscos Ambientais (PPRA) 66
    2.5.7 – Equipamentos de Proteção Individual (EPI) e Coletivo (EPC) 69
    2.5.8 – Programa de Controle Médico de Saúde Ocupacional (PCMSO) 71
    2.5.9 – Edificações. Iluminação. Instalações Elétricas. Máquinas e
Equipamentos. Prevenção da Fadiga. Proteção contra Incêndios. 73
    2.5.10 – Perfil Profissiográfico Previdenciário (PPP) 76
    2.5.11 – Nexo Técnico Epidemiológico (NTEP) 78

2.5.12 – Do Direito de Regresso da Previdência Social (INSS) 79
2.5.13 – Do Seguro Contra Acidente do Trabalho (SAT) e do Fator Acidentário de Prevenção (FAP) 80
2.5.14 – Atuação do Sindicato na Proteção do Meio Ambiente do Trabalho 82
2.5.15 – Greve Ambiental e o Direito de Resistência do Trabalhador 85
2.5.16 – Ministério Público do Trabalho e o Meio Ambiente de Trabalho 89
2.6 – Custos dos Acidentes e Enfermidades do Trabalho 91
2.6.1 – Custos para o Trabalhador e Familiares 91
2.6.2 – Custos para o Empregador 91
2.6.3 – Custos para os Cofres Públicos 92
2.6.4 – Custos para a Sociedade e Desenvolvimento do País 93
2.7 – Ambiente de Trabalho Livre do Tabaco 93
CAPÍTULO III – TERCEIRIZAÇÃO DE SERVIÇOS 97
3.1 A Evolução Histórica do Fenômeno da Terceirização de Serviços 99
3.2 – Regulamentação Legislativa da Terceirização de Serviços 103
3.3 – O Ativismo Judicial e a Súmula n. 331 do Tribunal Superior do Trabalho ... 107
CAPÍTULO IV – RESPONSABILIDADE CIVIL DO TOMADOR DE SERVIÇOS 113
4.1 – Responsabilidade Civil. Conceito. Finalidade. Espécies. 117
4.1.1 – Responsabilidade Civil Contratual e Extracontratual 118
4.1.2 – Responsabilidade Civil e Penal 121
4.1.3 – Responsabilidade Civil Solidária e Subsidiária 121
4.1.4 – Responsabilidade Civil Objetiva e Subjetiva 122
4.2 – Pressupostos da Responsabilidade Civil 126
4.2.1 – Conduta – Ação ou Omissão 126
4.2.2 – Nexo de causalidade 127
4.2.3 – Dano 129
4.2.3.1 – Dano Material 130
4.2.3.2 – Dano Moral 131
4.2.3.3 – Dano Estético 133
4.2.4 – Elemento Acidental (Culpa) 134
4.2.5 – Acidente de trabalho 134
4.3 – Fatores Excludentes da Responsabilidade Civil 136
4.4 – Responsabilidade Civil do Tomador de Serviços e a Constituição Federal ... 140
4.5 – Responsabilidade Civil do Tomador de Serviços e o Código Civil 143

4.6 – Responsabilidade Civil do Tomador de Serviços e a Lei Ambiental
n. 6.938/81 149

4.7 – Responsabilidade Civil do Tomador de Serviço e a Convenção
n. 155 da Organização Internacional do Trabalho - OIT 151

4.8 – Responsabilidade Civil do Tomador de Serviços e as Normas
Regulamentadoras do Ministério do Trabalho e Emprego - NRs 154

CONCLUSÃO 159

REFERÊNCIAS BIBLIOGRÁFICAS..163

RESUMO

A proteção ao meio ambiente de trabalho é expressamente reconhecida pela Constituição Federal como consequência da proclamação do direito à saúde e segurança do trabalhador. Ademais, o ambiente ecologicamente equilibrado constitui direito fundamental de todos e, em consequência, o ambiente de trabalho saudável constitui direito fundamental dos trabalhadores.

No caso de terceirização de serviços, a empresa contratante deve respeitar as normas de saúde e segurança do trabalhador tanto em relação aos seus próprios empregados quanto aos empregados da empresa contratada. Afinal, o meio ambiente do trabalho é o local em que se desenrola boa parte da vida do trabalhador, cuja qualidade de vida está intrinsecamente dependente da respectiva qualidade do meio ambiente de trabalho.

O entendimento previsto no item IV da Súmula 331 do Colendo Tribunal Superior do Trabalho - TST prevê a responsabilidade subsidiária do tomador de serviços. Entretanto, o referido texto faz alusão expressa apenas ao inadimplemento das obrigações trabalhistas, omitindo-se quanto às obrigações civis.

Sendo assim, o objeto geral desta dissertação é demonstrar que o ordenamento jurídico pátrio autoriza o reconhecimento da responsabilidade civil objetiva e solidária do tomador de serviços em caso de acidente de trabalho e/ou doença ocupacional de empregado terceirizado em razão do meio ambiente de trabalho inadequado e inseguro, mediante a eficácia horizontal dos direitos fundamentais trabalhistas, do respeito irrestrito à dignidade da pessoa do trabalhador, das normas previstas no Código Civil atinente à responsabilidade civil, e, principalmente, direitos trabalhistas insculpidos na atual Constituição Federal e Direito Internacional do Trabalho.

PREFÁCIO

É com muita honra e prazer que recebi o convite para fazer o prefácio da obra do Professor Fábio Ribeiro da Rocha que foi nosso aluno no curso de Pós graduação da Pontifícia Universidade Católica de São Paulo e que nos deu a oportunidade de ser seu orientador, proporcionando convivência acadêmica cujos frutos foram colhidos por todos ao longo do curso, mas que agora é coroado pela publicação da obra *"Efetividade dos Direitos Fundamentais ao Meio Ambiente de Trabalho Seguro e Adequado"*.

O autor, Magistrado do Tribunal Regional do Trabalho da 2ª Região, vem se destacando na carreira acadêmica e traz para a reflexão assunto de relevância extrema: o meio ambiente de trabalho e sua instrumentalização para o trabalho seguro.

A obra se caracteriza pelos aspectos de evolução histórica e legislativa sobre o assunto, passando pelo Direito Internacional e a inclusão das Convenções da Organização Internacional do Trabalho no ordenamento jurídico brasileiro.

A preocupação do Professor Fábio Ribeiro da Rocha sobre o tema e sua forma de controle adequado levou a pesquisa a considerar a atuação sindical e a greve dos trabalhadores contra ambiente inseguro, justificando-a sem a observação dos requisitos formais da Lei n. 7.783/1989, não esquecendo, por óbvio, da atuação do Ministério Público do Trabalho.

Não deixou de lado a análise dos efeitos do ambiente de trabalho inseguro na hipótese de terceirização e faz referência expressa aos danos morais, materiais e estéticos com estudo da aplicação da responsabilidade civil do tomador da prestação de serviços.

Pesquisador inquieto e convencido de seus argumentos, o autor nos brinda com obra que contribui para o enriquecimento dos estudos sobre o meio ambiente de trabalho.

Parabenizo o autor pela edição do livro que deverá compor a biblioteca de todos aqueles que se dedicam ao estudo do Direito do Trabalho.

Prof. Dr. Paulo Sergio João
Professor do curso de pós-graduação do
Programa de pós-graduação da PUCSP

INTRODUÇÃO

Este trabalho tem por objeto o estudo, a discussão e a reflexão sobre a proteção ao meio ambiente do trabalho no Brasil, sua prevenção e cumprimento das normas de segurança e saúde laboral e a responsabilidade civil do tomador de serviços pelos danos causados ao trabalhador.

Discutem-se as questões relativas ao direito fundamental do trabalhador ao meio ambiente de trabalho seguro e adequado, a legislação atinente às normas protetivas e preventivas do meio ambiente do trabalho, o fenômeno da terceirização e a responsabilidade civil do tomador de serviços pelos danos causados ao ambiente de trabalho e à saúde do trabalhador.

O trabalho contém quatro capítulos. O primeiro capítulo trata dos aspectos gerais dos direitos fundamentais, inclusive na relação laboral, bem como a influência do Direito Internacional em face da proteção ao meio ambiente do trabalho como direito fundamental do obreiro.

O segundo capítulo aborda as normas de proteção ao meio ambiente do trabalho no Brasil e nas Convenções da Organização Internacional do Trabalho (OIT), os princípios do Direito Ambiental e o dever do empregador e tomador de serviços em manter um ambiente de trabalho que preserve a saúde e a integridade física e mental do trabalhador, evitando a ocorrência de doenças ocupacionais e acidentes de trabalho, infortúnios que provocam gravíssimas repercussões tanto na esfera empresarial quanto nos âmbitos jurídico e social.

O terceiro capítulo analisa o fenômeno da terceirização atinente à sua origem, característica, tentativa de regulamentação legislativa e as diretrizes da Súmula 331 do Colendo Tribunal Superior do Trabalho, destacando que o bem jurídico protegido pelas normas de saúde e segurança do trabalho é uno, diz respeito a qualquer empregado, seja da empresa contratante, seja da empresa contratada, razão pela qual o tomador de serviços também é responsável pela segurança e saúde de todos os trabalhadores no local de trabalho.

O quarto capítulo analisa o instituto da responsabilidade civil enfocando o conceito, a finalidade, os pressupostos e a responsabilidade civil do tomador de serviços, destacando que o ordenamento jurídico pátrio permite a aplicação da teoria da responsabilidade objetiva do tomador de serviços pelos danos causados aos trabalhadores, quando a atividade for de risco ou quando o acidente for decorrente de meio ambiente de trabalho inseguro e inadequado, bem como sua condenação solidária pela reparação do prejuízo.

O método de abordagem desta dissertação é o dedutivo. O método de procedimento desta dissertação é o bibliográfico – dissertativo – argumentativo.

Quanto à técnica de pesquisa, a mais utilizada foi a bibliográfica-doutrinária, enfocando interdisciplinarmente o Direito Constitucional, o Direito do Trabalho, o Direito Civil e as Convenções da Organização Internacional do Trabalho (OIT).

O objetivo fundamental do trabalho é chamar atenção para a proteção ao meio ambiente de trabalho e, consequentemente, a proclamação ao direito à saúde e segurança do trabalhador, bem como demonstrar que o ordenamento jurídico pátrio autoriza a responsabilidade civil objetiva e solidária do tomador de serviços pelos acidentes de trabalho e/ou doenças ocupacionais sofridos dentro de seu estabelecimento por empregados de empresas de prestação de serviços, em razão da eficácia horizontal dos direitos fundamentais nas relações de trabalho, uma vez que o entendimento jurisprudencial consubstanciado na Súmula 331, IV, do Colendo Tribunal Superior do Trabalho faz alusão somente ao inadimplemento das obrigações trabalhistas.

Por fim, demonstraremos a importância da prevenção e reparação dos danos ambientais e à saúde do trabalhador, bem como a responsabilidade civil objetiva e solidária do tomador de serviços pelos danos causados aos trabalhadores.

O meio ambiente do trabalho figura como um direito substantivo constitucionalmente protegido; é um direito intrinsecamente relacionado a outro valor maior tutelado pela Constituição Federal: o direito à vida, a uma vida saudável.

CAPÍTULO I

ASPECTOS GERAIS SOBRE OS DIREITOS FUNDAMENTAIS

Com o desenvolvimento do capitalismo no mundo ocidental, especialmente em razão do surgimento da indústria, a burguesia firmou sua ascensão econômica a partir do século XVIII, e sua ampla afirmação no século XIX. Assim, surgiram mecanismos próprios e harmônicos com as necessidades da nova fase econômico-liberal, afastando a intervenção do Estado no mercado econômico de modo a favorecer a livre circulação de capital e mercadorias para acelerar o sistema industrializado.

Essas condições históricas deflagraram a franca decadência do absolutismo, que se tornou definitiva a partir das revoluções burguesas dos séculos XVII e XVIII, notadamente na Inglaterra, América do Norte e França. Foi por meio dessas revoluções que decorreu o declínio do absolutismo, do mercantilismo e dos resquícios do regime feudal e a ascensão de um novo modelo de Estado, fundado na prática do individualismo econômico e no liberalismo político[1].

Assim, ao limitar o Estado à legalidade, ou seja, a atuação de um Estado mínimo apenas para assegurar a manutenção do respeito, ordem e garantir o livre jogo da vontade dos atores sociais individualizados, o Estado Liberal configura um ordenamento jurídico de regras gerais e abstratas, essencialmente negativas, que consagram os direitos fundamentais de primeira dimensão ou direitos de liberdade (civis e políticos).

É neste Estado Liberal de Direito que irá refletir o valor da liberdade, cujo alicerce teórico foi a propriedade privada dos meios de produção. O modelo liberal e individualista de Estado propiciou a manifestação da fase áurea do capitalismo, designada de capitalismo industrial, cujo ápice ocorreu com a primeira Revolução Industrial, que veio a substituir, em definitivo, as produções artesanais e manufatureiras, típicas das Idades Média e Moderna.

Foi nesse novo contexto socioeconômico que se estruturou, de forma inovadora, a relação jurídica basilar do sistema de produção

---

(1) DELGADO, Mauricio Godinho e DELGADO, Gabriela Neves, *Constituição da república e direitos fundamentais*, 2. ed.;. São Paulo: LTr, 2013. p. 32.

capitalista: a relação de emprego, categoria propiciadora de mudanças nas relações de produção até então consolidadas, já que sustentada no elemento distintivo da subordinação jurídica.

O Professor Arnaldo Süssekind destaca que a burguesia necessitava de mãos livres para triunfar em sua luta contra a nobreza, fortalecendo os ideais libertários que motivaram as respectivas Revoluções, no seguinte sentido[2]:

> Marco histórico decisivo, o movimento burguês pregava as ideias liberais e individualistas, consolidava a supremacia da vontade do indivíduo e, como consequência, o completo afastamento do Estado nas relações contratuais, a partir da igualdade jurídico-política dos cidadãos. Suprimia a atuação das corporações, consideradas opressoras, não se admitindo a pressão de grupos em detrimento da vontade individual, pois consideradas incompatíveis com o ideal de liberdade do homem. Foi importante, dentre outros aspectos, por desfigurar a subordinação física e servil do trabalhador, transformando-a em uma subordinação contratual, já que reconhecia a autonomia de vontade, consagrando a liberdade de contratar.

O sucesso da Revolução Industrial representou grandes avanços e a total ruptura com o passado, mas, muito desses ganhos se deu às custas da saúde, integridade física e mental e vida dos trabalhadores. A rotina nas fábricas era marcada por inúmeros acidentes, condições de trabalho degradantes e toda a forma de desrespeito à dignidade do trabalhador que laborava em jornadas extenuantes mediante uma remuneração que mal lhe permitia se alimentar.

Todavia, na dinâmica do processo histórico, as contradições inerentes à exploração da força de trabalho contribuíram para a germinação de uma consciência social que, aos poucos, consubstanciou-se em consciência de classe, em resistência e em luta por melhores condições de vida e de trabalho[3], da seguinte forma:

> Movimentos de intelectuais e de trabalhadores contra esse quadro de miséria humana; e, mesmos proibidos, os operários se uniram para lutar pela conquista de direitos, que lhes fossem assegurados, com limitação de autonomia de vontade, nos contratos de trabalho.

---

(2) SÜSSEKIND, Arnaldo. *Direito internacional do trabalho*. 3. ed.; São Paulo: LTr, 2000. p. 81.
(3) MARTINS, Sergio Pinto. *Direitos fundamentais trabalhistas*. 2. ed.; São Paulo: Atlas, 2008. p. 61.

O fato de os proletários se concentrarem em um mesmo ambiente de trabalho, ali dispostos a laborar, desencadeou um processo de solidariedade de classe, a princípio por reuniões reivindicatórias que se desdobraram em novas formas de organização.

Esse movimento de integração e representatividade coletiva formado pela classe operária na busca da construção de identidade própria e para a reivindicação e pleno acesso aos direitos sociais passou a ser definido como o fenômeno social do sindicalismo. A fim de buscar melhores condições de trabalho, os trabalhadores começam a se unir e a reivindicar condições de vida mais dignas, em especial aquelas ligadas ao meio ambiente do trabalho.

Nessa conjuntura, o liberalismo começou a perder exclusiva prevalência nos planos social, ideológico e econômico. O Estado Liberal viu-se coagido a implementar direitos sociais, incorporando à sociedade e ao direito a voz e as pretensões dos setores socialmente desfavorecidos, na tentativa de evitar a perda de sua hegemonia no poder.

A ebulição social instaurada exigiu a reformulação do papel do Estado, passando a ser necessária sua intervenção nas questões sociais, assim como nas relações e modo de produção capitalista, consagrando os direitos fundamentais de segunda dimensão ou direitos de igualdade[4].

Entretanto, da mesma forma que os direitos fundamentais de primeira dimensão, os direitos fundamentais de segunda dimensão não brotaram de forma espontânea. Formaram-se lentamente ao longo da história e foram sendo conquistados em muitas partes do mundo.

O Professor Arion Sayão Romita aponta as seguintes etapas que marcaram a evolução do processo de implementação de medidas de proteção ao trabalhador[5]:

> Os direitos fundamentais de segunda dimensão foram consagrados na Declaração dos Direitos do Homem e do Cidadão, de 1793, na França e na Constituição Francesa de 1848. Encontraram espaço na encíclica Rerum Novarum, de 1891, do Papa Leão XIII, que inaugurou a doutrina social da Igreja Católica. O pensamento marxista influenciou o processo histórico de formação dos direitos de igualdade. Em decorrência da Revolução Soviética de 1917, sob a égide do marxismo-leninismo, foi proclamada a Declaração dos Direitos do Povo Trabalhador e Explorado, de 1918, da então República Socialista Soviética da Rússia.

---

(4) DELGADO, Mauricio Godinho e DELGADO, Gabriela Neves. *Constituição da República e direitos fundamentais*, cit., p. 40.
(5) ROMITA, Arion Sayão. *Direitos fundamentais nas relações de trabalho*, 4. ed.; São Paulo: LTr, 2012. p. 110.

Logo após, surgiu o fenômeno da constitucionalização dos direitos sociais e do próprio Direito do Trabalho, fenômeno esse que consagrou e permitiu a institucionalização do paradigma do Estado Social de Direito no início do século XX, primeiramente por intermédio da Constituição do México, de 1917 e, em seguida, com a Constituição de Weimar, da Alemanha, de 1919.

No mesmo contexto, também em 1919 foi criado importante organismo internacional que visava estimular o desenvolvimento e a propagação do Direito do Trabalho no mundo: a Organização Internacional do Trabalho (OIT). Ainda, a Declaração Universal dos Direitos do Homem, de 1948, alberga os direitos sociais nos artigos XXII e XXVIII.

No Estado Social de Direito, o valor preponderante passou a ser o da igualdade, correspondente não apenas à igualdade formal, mas, sobretudo, à igualdade material, ou seja, as leis deveriam reconhecer materialmente as diferenças, propondo alternativas em face da diversidade apresentada. Nessa fase, o Direito do Trabalho encontrou plena ascensão e maturação, inclusive com a expansão do movimento sindical.

O Estado se conscientiza da necessidade de maior intervenção na sociedade, passando a adotar uma postura mais ativa, buscando promover uma melhor distribuição de renda, assistência, acesso à saúde, educação, direitos trabalhistas e previdenciários.

São desdobramentos dos direitos fundamentais de segunda dimensão, concretizados em normas que objetivam prestações positivas estatais, buscando condições de vida mais favoráveis aos trabalhadores e ao povo, com a finalidade de mitigar as distinções da classe entre os homens.

A análise dos modelos de Estado Constitucional contemporâneo demonstra que, no curso histórico, na maior parte das vezes, um modelo de Estado supera o outro dialeticamente, aperfeiçoando-o.

Assim, consagra-se o Estado Democrático de Direito, algumas décadas depois, exaltando os direitos fundamentais de terceira dimensão ou direitos de fraternidade e solidariedade, eminentemente difusos, eis que marcados por uma alta carga de humanismo e de universalidade, por se ocuparem da defesa dos direitos genericamente atribuídos à sociedade como um todo, com destaque ao meio ambiente, à paz, patrimônio comum da humanidade, entre outros.

Sob o prisma da história política, social, cultural e econômica, pode-se afirmar que o Estado Democrático de Direito é o mais evoluído na dinâmica dos direitos fundamentais, por fundar-se em critérios de pluralidade e de reconhecimento universal dos direitos.

Alguns desses direitos são previstos pela Constituição Brasileira de 1988: artigo 4º, incisos II, III, VI e VII (prevalência dos direitos humanos, autodeterminação dos povos, defesa da paz e solução pacífica dos conflitos), artigo 5º, inciso XXXII (defesa do consumidor) e artigo 225 (ambiente ecologicamente equilibrado)[6].

No Estado Democrático de Direito os valores jurídicos revelar-se-ão em torno da pessoa humana, o que significa, em outra medida, que o homem é tido como o centro convergente de direitos. Dessa forma, todos os direitos fundamentais deverão orientar-se pelo valor fonte da dignidade. É o caso, por exemplo, do trabalho, que no Estado Democrático de Direito deve ser promovido pelo direito fundamental e universal ao trabalho digno.

Há que ressaltar que os direitos fundamentais não se revelam de forma estanque na marcha histórica. Enquanto padrão de humanidade e também reivindicação de ordem moral encontra-se em permanente processo de construção e reconstrução, surgindo, no curso histórico, mediante processo cumulativo e qualitativo e não por meio de evolução linear.

É que os direitos fundamentos integram uma mesma realidade dinâmica, podendo e devendo ser compreendidos em múltiplas dimensões. Diante disso, o sentido da expressão "gerações de direitos" vem sendo insistentemente criticado, por revelar a impressão de que no curso histórico uma geração de direitos é automaticamente substituída por outra, num processo de necessária alternância.

O Professor Ingo Wolfgang Sarlet assinala que[7]:

> O reconhecimento progressivo de novos direitos fundamentais tem o caráter de um processo cumulativo, de complementariedade, e não de alternância, de tal sorte que o

---

(6) Artigo 4º da CF/88 – A República Federativa do Brasil rege-se nas suas relações internacionais pelos seguintes princípios:
(...)
II – prevalência dos direitos humanos;
III – autodeterminação dos povos;
VI – defesa da paz;
VII – solução pacífica dos conflitos;
Artigo 5º da CF/88 – Todos são iguais perante a lei, sem distinção de qualquer natureza, garantindo-se aos brasileiros e estrangeiros residentes no País a inviolabilidade do direito à vida, à liberdade, à igualdade, à segurança e à propriedade, nos termos seguintes:
(....)
XXXII – O Estado promoverá, na forma da lei, a defesa do consumidor;
Artigo 225 da CF/88 – Todos têm direito ao meio ambiente ecologicamente equilibrado, bem de uso comum do povo e essencial à sadia qualidade de vida, impondo-se ao Poder Público e à coletividade o dever de defendê-lo e preservá-lo para as presentes e futuras gerações.
(7) SARLET, Ingo Wolfgang, A eficácia dos direitos fundamentais, Porto Alegre: *Revista do Advogado*, 2003. p. 51.

uso da expressão gerações pode ensejar a falsa impressão da substituição gradativa de uma geração por outra".

Em outra medida, a identificação do caráter indivisível, interdependente e inter-relacionado dos direitos fundamentais representa decisivo avanço em relação à clássica divisão compartimentada e isolada de direitos, na medida em que respeita e exige uma intersecção permanente do catálogo de direitos civis e políticos ao catálogo de direitos sociais, econômicos e culturais.

Certo é que a teoria da indivisibilidade traduz um novo conceito de sujeito de direitos ao ultrapassar o paradigma liberal e ampliar o sentido de cidadania, assegurando-lhe o amplo leque de direitos fundamentais que lhe permita a plena integração à vida em sociedade. Em razão da vedação de qualquer medida de retrocesso social, os direitos fundamentais demonstram o seu caráter progressivo decisivo.

Por todas as razões expostas é que se há de enfatizar que os eixos jurídicos de proteção aos direitos fundamentais exaltam o homem em sua condição valorosa e superior de ser humano, o que significa, em outra medida, o direito de viver em elevadas condições de dignidade.

Cumpre ressaltar que os direitos humanos seriam aqueles assim reconhecidos independentemente de sua positivação no ordenamento jurídico constitucional, bastando terem a essência de direitos de magnitude superior, pertinentes a aspectos de maior relevância para a pessoa humana[8].

Os direitos fundamentais, por sua vez, seriam aqueles direitos humanos previstos e assegurados, de modo formal, no ordenamento jurídico constitucional de determinado Estado, contado com expressa motivação.

Nesse sentido, o Professor e Ministro do Tribunal Superior do Trabalho Cláudio Brandão nos ensina que[9]:

> Por razões de ordem metodológica, contudo, faz-se necessário estabelecer a distinção entre ambos os conceitos, que se assenta mais numa ordem de dimensão do que relativa à essência, ficando claro que a expressão "direitos fundamentais" é utilizada para identificar os direitos humanos numa perspectiva de Direito positivo, isto é, relativos à vigência temporal, espacial e territorial, na medida em que correspondem àqueles que foram

---

(8) GARCIA, Gustavo Filipe Barbosa, *Direitos fundamentais e relações de emprego*, 1. ed.; São Paulo: Método, 2008. p. 18.
(9) BRANDÃO, Cláudio, *Acidente do trabalho e responsabilidade civil do empregador*, 4. ed.; São Paulo: LTr, 2015. p. 79.

reconhecidos e incorporados ao ordenamento jurídico constitucional de determinado Estado".

Os direitos fundamentais são (i) imprescritíveis, não se perdendo pelo decurso do prazo; (ii) inalienáveis, não sendo possível transferi-los a título oneroso ou gratuito; (iii) irrenunciáveis, deles não se podendo abrir mão; (iv) invioláveis, não podendo ser desrespeitados, sob pena de responsabilização; (v) universais, abrangendo todos os indivíduos, sem qualquer restrição; (vi) efetivos, ou seja, o Poder Público deve atuar no sentido de garantir a sua efetivação; (vii) interdependentes, estando direitos e garantias ligados; e (viii) complementares, devendo ser interpretados de forma conjunta[10].

Podem-se definir direitos fundamentais como os que, em dado momento histórico, fundados no reconhecimento da dignidade da pessoa humana, asseguram a cada homem as garantias de liberdade, igualdade, solidariedade, cidadania e justiça.

Assim, os Direitos Fundamentais são Direitos Humanos positivados nas esferas espacial e temporal, inseridos, portanto, em determinada ordem jurídica vigente em um país, e entre eles incluiu o direito à segurança e à saúde do trabalhador e o direito ao meio ambiente de trabalho saudável[11].

1.1 – Eficácia dos Direitos Fundamentais nas Relações de Trabalho

A eficácia imediata dos direitos fundamentais é matéria disciplinada na própria Constituição Federal, que, em seu artigo 5º, § 1º, estabelece que as normas definidoras dos direitos e garantias fundamentais têm aplicação imediata.

Os direitos fundamentais, positivados em princípios e regras jurídicas, têm o que se convencionou chamar de eficácia vertical e horizontal. A eficácia vertical impõe abstenções e tarefas ao Estado, enquanto a eficácia horizontal determina comportamentos comissivos ou omissivos aos particulares[12].

A eficácia vertical dos direitos fundamentais se mostra justamente como sendo meio de defesa dos cidadãos perante o Estado, identificando este como o maior ameaçador dos direitos e liberdades dos indivíduos.

---

(10) MORAES, Alexandre, *Direitos humanos fundamentais*, 2. ed.; São Paulo: Atlas, 1998.p. 41.
(11) ROMITA, Arion Sayão, *Direitos fundamentais nas relações de trabalho*, cit., p. 51
(12) PEREIRA, Jane Reis Gonçalves, *Interpretação constitucional e direitos fundamentais*, 1. ed.; Rio de Janeiro: Renovar, 2006. p. 494.

Ainda, além da adequada utilização dos direitos fundamentais pelos cidadãos, verifica-se, também, a necessária intervenção do Estado na remoção de eventuais obstáculos que, de uma forma ou de outra, impeçam ao indivíduo o pleno exercício de seus direitos e liberdades.

A interferência do Estado para propiciar o gozo de tais prerrogativas pelo cidadão não ocorre de forma facultativa, mas se revela como uma obrigação imposta por meio de normas inseridas na Constituição da República. O Estado, portanto, tem o dever constitucional de não apenas proteger, mas também promover o pleno e efetivo gozo dos direitos fundamentais[13].

Entretanto, os direitos fundamentais não são oponíveis apenas em relação aos poderes do Estado, mas sua eficácia se estende para alcançar as relações entre particulares (eficácia horizontal). Ademais, as normas constitucionais brasileiras, de forma expressa ou por meio de uma interpretação sistemática, contemplam a obrigação estatal de proteger os direitos fundamentais nas relações mantidas entre particulares.

Identificam-se, também, duas perspectivas de análise desses direitos: a subjetiva e a objetiva. A subjetiva foi a primeira dimensão reconhecida aos direitos fundamentais, no Estado Liberal, e, nessa perspectiva subjetiva, cuida-se de identificar quais as pretensões o cidadão pode exigir do Estado, em face de uma norma jurídica.

Já a dimensão objetiva dos direitos fundamentais veio a ser percebida na evolução do modelo de Estado Constitucional, com o surgimento do Estado Social de Direito, e, posterior evolução para o Estado Democrático de Direito.

Na dimensão objetiva, os direitos fundamentais passam a ser vistos não apenas como direitos exigíveis dos poderes estatais, mas direitos que consagram os valores mais importantes de uma sociedade, e, por isso, direitos exigíveis dos particulares, nas suas relações privadas.

Reconhece-se, então, que tais direitos limitam a autonomia dos atores privados e protegem a pessoa humana da opressão exercida pelos poderes sociais não estatais, difusamente presentes na sociedade contemporânea[14].

Por certo, quando a Constituição da República destaca a aplicação imediata dos direitos fundamentais ela quer estabelecer que as suas normas tenham plena eficácia jurídica, não dependendo de qualquer outro ato normativo para tanto. Da aplicação jurídica imediata, no entanto, surge a eficácia do direito respectivo no mundo fático.

---

(13) AMARAL, Julio Ricardo de Paula. *Eficácia dos direitos fundamentais nas relações trabalhistas*, 2. ed.; São Paulo: LTr, 2014. p. 71.
(14) SARMENTO, Daniel. *A dimensão objetiva dos direitos fundamentais*, 1. ed.; Belo Horizonte: Del Rey, 2003. p. 255.

Ter aplicação imediata é incidir incontinente às relações jurídicas, independentemente de qualquer outro ato ou ação necessária à sua eficácia. Assim, podemos afirmar que, independentemente de qualquer lei regulamentadora dos direitos fundamentais, os direitos e garantias fundamentais se aplicam às relações entre particulares.

Ocorre, porém, que muitos dos direitos fundamentais, especialmente os trabalhistas elencados no artigo 7º da Constituição Federal, somente podem ser concretizados se houver uma relação contratual firmada entre o destinatário do direito e o seu obrigado.

Sendo assim, a incidência dos direitos fundamentais pode ocorrer de modo imediato, independentemente de qualquer fato ou ato jurídico, quando se trata de direitos que incidem independentemente da existência de uma relação contratual. É a hipótese de proteção à vida privada. Já em outras hipóteses, a eficácia do direito fundamental está sujeita à prévia pactuação de um negócio jurídico. É o que ocorre com diversos direitos trabalhistas prestacionais, cuja eficácia está condicionada à existência de um contrato[15].

O legislador constitucional limitou a autonomia privada. O particular é livre para contratar, mas uma vez firmado o contrato, sua vontade fica limitada em relação às suas condições (cláusulas do contrato) quando diante de um direito fundamental.

O fenômeno da constitucionalização do Direito do Trabalho, pelo qual o trabalhador deixou de ser considerado exclusivamente como um sujeito que, por meio de um contrato de trabalho – negócio jurídico de natureza privada – põe à disposição de outra pessoa a sua força de trabalho, mas, com tal ocorrência, houve uma mudança no foco de proteção, passando-se a tutelar também o trabalhador cidadão, reconhecendo-lhe todos os direitos inerentes aos demais cidadãos previstos na Constituição, promovendo a dignidade humana no âmbito de uma relação trabalhista.

A liberdade e a dignidade dos indivíduos são bens intangíveis, sendo certo que a autonomia de vontade somente poderá atuar até aquele lugar em que não haja ofensas ao conteúdo mínimo essencial desses direitos e liberdades. E isso não será diferente no âmbito de uma relação de trabalho.

Há de se compatibilizar a efetiva tutela dos direitos fundamentais nas relações entre os particulares e a autonomia privada da pessoa humana. Na execução do contrato de trabalho, não raras vezes, ocorrerá a colisão entre direitos, bens e interesses garantidos

---
(15) DELGADO, Mauricio Godinho e DELGADO, Gabriela Neves, *Constituição da república e direitos fundamentais*, cit., p. 133.

pela Constituição de ambos os envolvidos. É evidente, porém, que não é possível ter a pretensão de imaginar que apenas o trabalhador – ainda que seja este a parte mais frágil da relação trabalhista – seja o único detentor de direitos fundamentais no contexto fático e jurídico do contrato de trabalho[16].

Por maior importância que possuam no âmbito constitucional, os direitos fundamentais não são absolutos, e, como tal, comportam limitações e análise do caso concreto, tendo a sua efetividade sopesada, em cada caso, diante da colisão de direitos fundamentais que se apresentar ao intérprete.

Sendo assim, a aplicação do princípio da proporcionalidade deve ser compreendida como um critério para controlar a extensão e o alcance de uma limitação estabelecida aos direitos e liberdades constitucionais.

De igual sorte, importa ressaltar que o princípio da proporcionalidade, além de servir como método verificador da legitimidade de eventuais intromissões dos poderes públicos na esfera privada dos direitos e liberdades públicas dos cidadãos, mais do que isso, o referido princípio deve servir como critério orientador para a resolução de conflitos entre os direitos fundamentais dos indivíduos envolvidos nas mais variadas espécies de relações jurídicas, e, sobretudo, nos contratos de emprego.

Nesse sentido, convém transcrever a feliz observação do Professor Daniel Sarmento[17]:

> O princípio da proporcionalidade está dividido em três subprincípios: princípio da adequação (o meio ou limitação utilizado seja apropriado para alcançar a finalidade), princípio da necessidade (a medida destinada a estabelecer uma limitação ao direto ou liberdade pública do cidadão seja indispensável para a consecução da finalidade pretendida, tendo em vista que, não havendo outro meio apto para atingir o objetivo almejado, com a mesma eficácia, seja o método menos gravoso para o direito fundamental que se vai limitar) e princípio da proporcionalidade em sentido estrito (exige que ocorra certo equilíbrio entre os benefícios que se obtêm pela proteção ao direito, valor ou fim que motiva a limitação de um determinado direito fundamental)".

---

(16) AMARAL, Julio Ricardo de Paula, *Eficácia dos direitos fundamentais nas relações trabalhistas*, cit., p. 110.
(17) SARMENTO, Daniel, *A dimensão objetiva dos direitos fundamentais*, cit., p. 258.

Portanto, embora dotada de grande relevância para a proteção dos trabalhadores no âmbito de uma relação jurídica onde claramente se mostra como sendo a parte mais frágil, a questão é que a eficácia horizontal dos direitos fundamentais da pessoa do trabalhador não é absoluta, mas comporta limitações ou restrições, isto é, traz consigo um problema de colisão com outros direitos, bens e valores assegurados pela Constituição, devendo, desta forma, resolver-se com o auxílio de critérios e técnicas próprias dos conflitos de normas de direitos fundamentais, especialmente pelo princípio da proporcionalidade.

1.2 – Direito Fundamental Internacional do Trabalho

A chamada globalização, que se iniciou na economia e hoje invade vários aspectos da vida das nações, mostra, por vezes, consequências positivas. Em que pese o fato de uma crise econômica em determinado país se disseminar pela comunidade mundial, estão também sendo propagados entendimentos construtivos comuns em torno da dignidade humana[18].

Os direitos fundamentais como o manancial mínimo que garante a dignidade humana são utilizados como o elemento definidor dos critérios escolhidos para a formação do substrato normativo de cada país. Tudo isto demonstra a importância de uma legislação internacional forte, efetiva e que proteja a dignidade humana no trabalho.

A Organização Internacional do Trabalho – OIT, entidade ligada à Organização das Nações Unidas e criada na Conferência de Paz após a Primeira Guerra Mundial com a finalidade precípua de fomentar a observância aos direitos sociais, tem desenvolvido relevante trabalho por meio da edição de suas Convenções Internacionais[19]. A criação da Organização Internacional do Trabalho – OIT, em 1919, foi decisiva na evolução do direito à proteção, inserindo-se no preâmbulo de sua Constituição a necessidade de proteção dos trabalhadores contra as enfermidades gerais ou profissionais e os acidentes resultantes do trabalho.

A Organização Internacional do Trabalho – OIT pode adotar Convenções, Recomendações e Resoluções. As Convenções e Recomendações podem tratar dos mesmos assuntos, sendo que a diferença entre elas é apenas formal. As Convenções são Tratados Internacionais e devem ser ratificados pelos Estados para que tenham

---

(18) ROMITA, Arion Sayão, *Direitos fundamentais nas relações de trabalho, cit.*, p. 226.
(19) DELGADO, Mauricio Godinho e DELGADO, Gabriela Neves, *Constituição da república e direitos fundamentais, cit.*, p. 184.

eficácia e aplicabilidade interna, ao passo que as Recomendações não são Tratados e apenas sugerem ao legislador de cada país vinculado à Organização Internacional do Trabalho - OIT mudanças no Direito interno, no tocante às questões que disciplina[20].

Dentre as Convenções Internacionais, várias dizem respeito, direta ou indiretamente, à saúde e segurança do trabalhador, traçando diretrizes a serem seguidas pelos Estados-membros como forma de se assegurar que empregadores, tomadores de serviços, assim como os próprios trabalhadores, colaborem com a instituição de um ambiente de trabalho saudável.

A Organização Internacional do Trabalho - OIT se mostra como o principal ente de Direito Público Internacional que trata sobre a proteção da vida e saúde do trabalhador, que, dentre suas finalidades, visa uniformizar em âmbito global as normas trabalhistas.

As Convenções Internacionais constituem-se em documentos obrigacionais, normativos e programáticos aprovados por entidade internacional, a que aderem voluntariamente seus membros e que produzem efeito no ordenamento jurídico interno mediante a sua ratificação pelo Estado.

Destacamos os ensinamentos do Professor Carlos Roberto Husek nos seguintes termos[21]:

> Aos Estados-membros é assegurada liberdade para definir a forma que os direitos serão incorporados ao seu ordenamento jurídico sendo o processo de ratificação apenas uma das opções. Assim, é possível adaptar as diretrizes da Organização Internacional do Trabalho às particularidades de cada país. Os Tratados e Convenções Internacionais ratificados pelo Brasil integram as respectivas fontes formais heterônomas.

Quando os Tratados e Convenções Internacionais são ratificados no Brasil, ingressam na ordem jurídica interna com o *status* de norma infraconstitucional, com a qualificação de lei ordinária. Isso significa que se submetem aos critérios de constitucionalidade existentes, podendo ser declarados inválidos, mesmo depois de ratificados, se houver afronta a regra ou princípio constitucional.

Com a Emenda Constitucional n. 45, promulgada em dezembro de 2004, os Tratados e Convenções Internacionais sobre Direitos Humanos adquiriram *status* de emenda constitucional, mas desde

---

(20) HUSEK, Carlos Roberto, *Curso básico de direito internacional público e privado do trabalho*, 1. ed.; São Paulo: LTr, 2009. p. 121.
(21) HUSEK, Carlos Roberto, *Curso básico de direito internacional público e privado do trabalho*, cit., p. 117.

que aprovados com ritos e quórum similares aos de Emenda Constitucional (3/5 de cada Casa do Congresso Nacional, em dois turnos).

Em dezembro de 2008, o Supremo Tribunal Federal modificou em parte sua jurisprudência ao determinar que os Tratados e Convenções Internacionais sobre Direitos Humanos têm patamar supralegal (acima das leis ordinárias e complementares). Caso sua ratificação seja feito com o quórum especial das Emendas Constitucionais (3/5 de cada Casa do Congresso Nacional, em dois turnos), e apenas nessa hipótese, alcançam *status* de emenda constitucional[22].

A Professora Flávia Piovesan assevera que[23]:

> A hierarquia dos Tratados Internacionais no ordenamento jurídico brasileiro respeita a seguinte orientação: caso os Tratados Internacionais de Direitos Humanos sejam aprovados com o quórum especial das Emendas Constitucionais (aprovação em dois turnos por voto de 3/5 dos membros do Congresso Nacional), terão *status* de Emenda Constitucional; caso não sejam aprovados pelo processo legislativo das Emendas Constitucionais serão considerados norma supralegal. Finalmente, os Tratados Internacionais que não versem sobre Direitos Humanos ingressam no ordenamento jurídico pátrio na condição de hierarquia equivalente à das leis ordinárias.

Sendo assim, o Supremo Tribunal Federal se manifestou pela supremacia dos direitos humanos fundamentais, devendo o ordenamento jurídico se voltar à sua proteção. Desse modo, a Constituição Federal de 1988 estabelece à legislação infraconstitucional, bem como aos Tratados e Convenções Internacionais integrados ao nosso sistema jurídico, a obrigação de buscar meios para esses direitos serem efetivos, retirando desses instrumentos a sua máxima eficácia, visto que se tratam de direitos essenciais à manutenção da vida humana.

As principais Convenções Internacionais da Organização Internacional do Trabalho ratificadas pelo Brasil, e que têm como objeto a saúde ou segurança do trabalhador são: Convenção n. 182 (Piores Formas de Trabalho Infantil e a Ação Imediata para sua Eliminação), Convenção n. 176 (Segurança e Saúde na Mineração), Convenção n. 174 (Prevenção de Acidentes Industriais), Convenção n. 170 (Segurança na Utilização de Produtos Químicos), Convenção n. 167

---

(22) Supremo Tribunal Federal, RE n. 466.343/SP, Rel. Ministro Cezar Peluso, 03.12.2008.
(23) PIOVESAN, Flávia, *Direitos humanos e o direito constitucional internacional*, 5. ed.; São Paulo: Saraiva, 2012. p. 128.

(Segurança e Saúde na Construção), Convenção n. 161 (Serviços de Saúde do Trabalho), Convenção n. 155 (Segurança e Saúde dos Trabalhadores), Convenção n. 148 (Contaminação do Ar, Ruído e Vibrações), Convenção n. 139 (Câncer Profissional), Convenção n. 136 (Benzeno), Convenção n. 127 (Peso Máximo), Convenção n. 42 (Indenização de Trabalhadores por Doenças Ocupacionais) e Convenção n. 112 (Indenização por Acidente de Trabalho na Agricultura)[24].

Como se pode deduzir de seus títulos, a maioria das Convenções mencionadas tem objeto específico, geralmente relacionado a uma categoria de trabalhadores ou agente de risco, sendo, sem dúvida, a mais relevante para o presente estudo a Convenção Internacional n. 155, por ser a de maior abrangência, tratando genericamente da segurança e saúde dos trabalhadores, a qual foi ratificada pelo Brasil em maio de 1992, com vigência nacional em maio de 1993, e promulgada por meio do Decreto n. 1.254, de 29 de setembro de 1994.

O Professor e Ministro do Tribunal Superior do Trabalho Cláudio Brandão traça uma visão positiva acerca da aludida Convenção[25]:

> A Convenção n. 155 rompeu definitivamente o paradigma individualista do direito à proteção – e por isso mesmo tratado na perspectiva da prevenção do acidente ou medidas voltadas para o posto de trabalho -, passando a compreendê--lo como elemento integrante do conceito de meio ambiente, mais especificamente do meio ambiente do trabalho, como um reflexo da atuação da OIT a partir da década de 1980, cada vez mais preocupada com esse tema, sobretudo em face dos grandes acidentes ocorridos nessa época e que ocasionaram danos ambientais de proporções jamais vistas.

O marco fundamental da marcha evolutiva desencadeada pela Organização Internacional do Trabalho – OIT se deu com a aprovação, em 10 de dezembro de 1948, da Declaração Universal dos Direitos Humanos da Organização das Nações Unidas – ONU que, no artigo XXV, assegurou como um direito humano a saúde e o bem-estar.

A escala evolutiva no sentido de regulamentar-se cada vez mais, do ponto de vista do Direito Internacional, prosseguiu e ganhou uma dimensão mais ampla com a celebração, em dezembro de 1966, do Pacto Internacional sobre os Direitos Econômicos, Sociais e Culturais, da Organização das Nações Unidas, que reconheceu o direito de toda pessoa a desfrutar o mais elevado nível possível de saúde física e

---
(24) HUSEK, Carlos Roberto, *Curso básico de direito internacional público e privado do trabalho*, cit., p. 123.
(25) BRANDÃO, Cláudio, *acidente do trabalho e responsabilidade civil do empregador*, cit., p. 57.

mental. Caminhando nesse rumo, a Conferência Rio+20 da ONU (Organização das Nações Unidas) destacou a participação efetiva dos trabalhadores, assim como dos seus sindicatos, para a promoção de meio ambiente de trabalho saudável.

A modificação do tratamento dado à necessidade de proteção revela-se destacado em virtude do papel atribuído nos diversos países à exigência de defesa do meio ambiente, pelo reconhecimento de sua importância para o ser humano, em face do caráter essencial de que se reveste para o indivíduo e para toda a sociedade, como vem sendo a tendência internacional[26].

A partir dessas diretrizes, pode-se afirmar que, ao ratificar inúmeras Convenções Internacionais voltadas para a proteção da saúde do trabalhador, o Brasil elevou ao patamar de norma constitucional (ou pelo menos de supralegalidade pelo entendimento do Supremo Tribunal Federal) os dispositivos nelas inseridos por estarem abrangidos no conceito de direito ao meio ambiente de trabalho saudável.

Cabe, portanto, ao Estado Brasileiro, em face dos compromissos assumidos na ordem internacional, adotar uma estratégia efetiva para a proteção do trabalhador, não apenas no que se refere à redução dos riscos da ocorrência de acidentes e/ou doenças do trabalho, como também a defesa da saúde no seu conteúdo mais abrangente, incluindo a prevenção ao meio ambiente de trabalho seguro e adequado.

---

(26) Melo, Raimundo Simão de, *Direito ambiental do trabalho e a saúde do trabalhador*, 5. ed.; são paulo: ltr, 2013. p. 74.

CAPÍTULO II

MEIO AMBIENTE DO TRABALHO

2.1 – A Evolução da Proteção do Meio Ambiente do Trabalho no Brasil

O Código Comercial Brasileiro de 1850 não dispunha sobre normas de proteção à saúde e à segurança geral dos trabalhadores, mas estabelecia, restritamente, aos prepostos das casas de comércio (feitores, guarda-livros e caixeiros) a manutenção dos salários pelo prazo de 3 (três) meses nas hipóteses de acidentes imprevistos e inculpados que impedissem o exercício das suas funções (artigo 78). Previa, também, aos referidos prepostos, uma indenização a ser paga pelo preponente nas situações de danos extraordinários, a ser fixada a juízo dos arbitradores (artigo 80)[27].

Em 1919, foi editado o Decreto n. 3.724, de 15 de janeiro, cujo objeto era a regulamentação das obrigações decorrentes de acidente do trabalho para os trabalhadores em geral. Assim, como o Código Comercial de 1850, esse diploma legal também não continha normas preventivas de proteção à saúde e à segurança dos trabalhadores, limitando-se a manter o seguro por acidente do trabalho, que ficava a cargo do empregador (teoria do risco profissional), junto a empresas seguradoras particulares. Apenas com o advento da Lei n. 5.316, de 14 de setembro de 1967, o seguro contra acidentes do trabalho foi inserido no âmbito da Previdência Social.

O Estatuto da Lavoura Canavieira, Decreto-Lei n. 3.855, de 21.11.1941, foi uma das primeiras normas a prescrever medidas efetivas a respeito da saúde dos trabalhadores, ao determinar aos usineiros a observância nos contratos-tipos de diversos princípios enumerados no próprio Decreto, entre os quais se destacam a garantia do direito à moradia digna, tendo em vista a família do trabalhador e a assistência médica e hospitalar (artigo 7º)[28].

---

(27) Código Comercial de 1850: - Artigo 79 – Os acidentes imprevistos e inculpados, que impedirem aos prepostos o exercício de suas funções, não interromperão o vencimento do seu salário, contando que a inabilitação não exceda a 3 (três) meses contínuos. – Artigo 80 – Se no serviço do preponente acontecer aos prepostos algum dano extraordinário, o preponente será obrigado a indenizá-lo, a juízo de arbitradores.

(28) FIORILLO, Celso Antonio Pacheco, *Curso de direito ambiental*, 1. ed.; São Paulo: Saraiva, 2002. p. 19.

Em 1º de maio de 1943 foi aprovado o Decreto-Lei n. 5.452, Consolidação das Leis do Trabalho (CLT), que entrou em vigor em 10 de novembro daquele mesmo ano, com um capítulo específico sobre "Segurança e Higiene do Trabalho", que foi alterado pela Lei n. 6.514/77, passando a corresponder ao Capítulo V do Título I da Consolidação das Leis do Trabalho, sob o título "Da Segurança e da Medicina do Trabalho".

Embora seja uma consolidação, a CLT foi o primeiro estatuto jurídico a conceder uma sistematização sobre o meio ambiente do trabalho, a partir da regulamentação de diversos aspectos da segurança e da medicina no trabalho, com prescrição de medidas preventivas, repressivas, fiscalizatórias e orientativas referentes ao meio ambiente do trabalho.

A Consolidação das Leis do Trabalho (CLT) também consagrou o caráter holístico do meio ambiente do trabalho e da tutela da integridade psicossomática do trabalhador, ao fixar normas de proteção tanto da integridade física, como da mental e da psicológica dos trabalhadores. Por outro lado, o legislador celetista inseriu o meio ambiente do trabalho nas normas específicas de tutela da saúde e da segurança do trabalhador, que deveria ser realizada em conjunto com o cumprimento de outras disposições sobre meio ambiente, contidas em outros diplomas normativos, como os códigos de obras e os regulamentos sanitários dos Estados e Municípios e as disposições dos acordos e convenções coletivas de trabalho (artigo 154)[29].

No âmbito constitucional, a Carta Magna de 1824 apenas previa a garantia dos socorros públicos, ainda que não tratasse das questões relacionadas ao trabalho subordinado.

A Constituição da República de 1891, de cunho individualista, não tratou dos direitos sociais, o que somente veio a ocorrer a partir da Revolução de 1930, marcando a preocupação com direitos daquela natureza, ainda que mediante um processo autoritário.

Sendo assim, a Constituição Federal de 1934, embora contivesse normas gerais de tutela do trabalhador (idade mínima, limitação de jornada, férias, etc.), incluía a proteção da sua saúde no âmbito da tutela geral da saúde, pois se limitava a prescrever que a legislação do trabalho deveria promover a assistência médica e sanitária ao trabalhador e à gestante(artigo 121, § 1º). Previa, também, os serviços de amparo à maternidade e à infância (artigo 121, § 3º) e a indenização por acidentes de trabalho (artigo 121, § 8º) inserido no âmbito da Previdência Social.

---

(29) MELO, Raimundo Simão, *Direito ambiental do trabalho e a saúde do trabalhador*, cit., p. 40.

Com relação à proteção da saúde do trabalhador no Brasil, inserida na Constituição Federal de 1934, destacamos os ensinamentos do Jurista Jayme Benvenuto Lima Junior, nos seguintes termos[30]:

> Os direitos sociais, ainda que mínimos, foram obtidos como dádiva do Estado e, mesmo assim, cercados de uma série de mecanismos controladores da ação das representações de trabalhadores e sem priorizar as questões sociais fundamentais. Nem sequer havia conscientização de serem direitos humanos. A luta pela sua conquista era associada à marginalidade, ficando grande parte deles reconhecidos essencialmente pró-forma.

A Carta Magna de 1937, praticamente repetiu as disposições da anterior, prevendo, especificamente em relação à tutela da saúde e da segurança, a garantia da assistência médica e higiênica ao trabalhador e à gestante (artigo 137).

Considerada como das mais avançadas do mundo para a época, do ponto de vista das relações sociais, a Carta Magna de 1946 elencou a higiene e segurança do trabalhador (artigo 157, VIII) e a assistência sanitária, inclusive hospitalar e médica preventiva, ao trabalhador e à gestante (artigo 157, XIV), como direitos dos trabalhadores.

De características conservadoras, a Constituição Federal de 1967 reconheceu o direito dos trabalhadores à assistência sanitária, hospitalar e preventiva (artigo 165, XV), prescrevendo, entre outras normas previdenciárias e trabalhistas, o direito à colônia de férias e clínicas de repouso, recuperação e convalescença, mantidas pela União, conforme dispuser a lei (artigo 165, XVIII).

A redemocratização do Brasil, fruto dos movimentos sociais e políticos que eclodiram ao final da década de 1970, culminou com a Constituição Federal de 1988, considerada como a que deu melhor acolhida aos direitos humanos, refletindo a temática social oriunda da ordem internacional progressivamente institucionalizada a partir dos conflitos mundiais do século.

A positivação constitucional expressa do meio ambiente do trabalho adveio com o inciso VIII do artigo 200 da Constituição Federal de 1988, ao declarar, ainda que em sede programática, a competência do Sistema Único de Saúde para colaborar na proteção do meio ambiente, nele compreendido o do trabalho. Inserido na Seção II do Título VIII da Carta Magna, sob o título "Da Saúde", a proteção ao meio

---

(30) LIMA JUNIOR, Jayme Benvenuto, *os direitos humanos, econômicos, sociais e culturais*, 1. ed.; Rio de Janeiro: Renovar, 2001. p. 50-52.

ambiente do trabalho aparece como corolário do direito à saúde, sendo este um direito difuso de toda a sociedade, que pode tomar ares de coletivo, quando vinculado a determinadas relações de trabalho[31].

O artigo 200 da Constituição Federal de 1988 elucida bem a estreita vinculação entre o meio ambiente do trabalho e o direito à saúde, pois a proteção do primeiro aparece no rol de atribuições programáticas do campo do segundo, de forma que o meio ambiente do trabalho passou a constituir elemento de uma política social mais ampla, que não se limita às relações de trabalho, pois está relacionado ao direito à vida saudável.

O artigo 225 da atual Carta Política consagra expressamente o direito social a um meio ambiente ecologicamente equilibrado. Prescreve que o meio ambiente de trabalho saudável e adequado é bem de uso comum do povo e essencial à sadia qualidade de vida, impondo-se ao Poder Público e à coletividade o dever de defendê-lo e preservá-lo para presentes e futuras gerações.

O conteúdo da expressão meio ambiente não mais se limita ao seu aspecto naturalístico, pois comporta um significado mais amplo, compreensivo de tudo que cerca e condiciona o homem na sua existência e no seu desenvolvimento na sociedade, bem como na sua interação com o ecossistema que o rodeia[32].

A Constituição Federal de 1988 delineou uma ampla rede de proteção ao meio ambiente. Os artigos 200 e 225 da referida Carta Política devem ser interpretados de forma sistemática com as demais normas protetoras do meio ambiente, especificamente o do trabalho. Deste modo, não se pode olvidar que o artigo 7º da Constituição Federal de 1988 traça, em vários de seus incisos, diversas normas tuteladoras, direta ou indiretamente, da saúde e da segurança do trabalhador[33].

Observe-se que a Carta Republicana de 1988, ao proceder a inovadora vinculação dos conceitos de meio ambiente e qualidade de vida, estabeleceu dois objetos de tutela ambiental, qual seja, o imediato, que é a qualidade do meio ambiente, e outro mediato, que é a saúde, o bem-estar e a segurança da população, que se vêm sintetizando na expressão qualidade de vida[34].

No âmbito infraconstitucional, a Lei n. 6.938, de 31 de agosto de 1981, que traça a Política Nacional do Meio Ambiente, ao definir o meio

---
(31) - Artigo 200 da CF/88 – Ao Sistema Único de Saúde além de outras atribuições, nos termos da lei: (...) VIII – colaborar na proteção do meio ambiente, nele compreendido o trabalho.
(32) ROMITA, Arion Sayão, *Direitos fundamentais nas relações de trabalho, cit.*, p. 391.
(33) Artigo 7º da CF/88 – São direitos dos trabalhadores urbanos e rurais, além de outros que visem à melhoria de sua condição social: XV – repouso semanal remunerado, preferencialmente aos domingos; XXII – redução dos riscos inerentes ao trabalho, por meio de normas de saúde, higiene e segurança.
(34) FERNANDES, Fábio, *Meio ambiente geral e meio ambiente do trabalho*, 1. ed.; São Paulo: LTr, 2009. p. 41.

ambiente como o conjunto de condições, leis, influências e interações de ordem física, química e biológica, que permite, abriga e rege a vida em todas as suas formas (artigo 3º, I), abrangeu o meio ambiente do trabalho, valendo notar que esse conceito legal de meio ambiente dado pela Lei n. 6.938/81 foi recepcionado pela Constituição Federal de 1988, tendo em vista que esta, de forma sistemática, buscou a tutela não somente do meio ambiente natural, como também do artificial, cultural e do trabalho[35].

As diretrizes constantes da Lei n. 6.938/81 e da Constituição Federal de 1988, oferecem amplo manancial principiológico e conceitual que permite inserir os locais e as condições de trabalho no conceito de "meio ambiente", expandindo, também para essa seara, os mecanismos preventivos, inibitórios e repressivos que tutelam os indivíduos contra os riscos à vida e à integridade física, independentemente da natureza do vínculo mantido com o detentor dos meios de produção.

Em nosso ordenamento, há uma abundante legislação sobre as condições de trabalho e o meio ambiente nas relações laborais. A Consolidação das Leis do Trabalho (CLT) possui um capítulo específico – Capítulo V do Título I, sob a denominação "Da Segurança e Medicina do Trabalho" -, além de diversas outras normas regulamentadoras da saúde e segurança dos trabalhadores em condições ou atividades específicas – bancários, serviços de telefonia e telegrafia submarina e subfluvial, de radiotelegrafia e radiotelefonia, operadores cinematográficos, serviço ferroviário, serviços frigoríficos, equipagens de embarcações da marinha mercante nacional, de navegação fluvial e lacustre, do tráfego nos portos e da pesca, trabalho em minas e subsolo, trabalho dos professores, dos químicos, trabalho do menor, trabalho da mulher, além de várias normas esparsas a respeito do assunto.

As Normas Regulamentadoras (NR) editadas pelo Poder Executivo, por meio do Ministério do Trabalho e Emprego e contidas na Portaria n. 3.214/78, de 08 de junho de 1978, consistem em importante repertório de disposições complementares às normas sobre medicina e segurançado trabalho contidas na CLT, consoante a delegação para sua elaboração prevista no artigo 200 da CLT[36].

As Normas Regulamentadoras constituem um verdadeiro código de segurança e saúde do trabalhador, pois prescrevem padrões

---

(35) FIORILLO, Celso Antonio Pacheco, *Curso de direito ambiental*, cit., p. 21.
(36) As Normas Regulamentadoras dispõem sobre as seguintes matérias: NR–1 – Disposições Gerais; NR–2 – Inspeção Prévia; NR–3 – Embargos e Interdição; NR–4 – Serviços Especializados em Engenharia de Segurança e Medicina do Trabalho (SESMT); NR–5 – Comissão Interna de Prevenção de Acidentes (CIPA); NR–6 – Equipamentos de Proteção Individual; NR–7 – Programa de Controle Médico de Saúde Ocupacional (PCMSO); NR–9 – Programa de Prevenção de Riscos Ambientais.

com vistas à adequação do meio ambiente do trabalho, sendo de observância obrigatória pelas empresas privadas e públicas e pelos órgãos públicos de administração direta e indireta, bem como pelos Poderes Legislativos e Judiciário, que possuam empregados regidos pela Consolidação das Leis do Trabalho – CLT (NR-1, disposição 1.1). Já, por meio da Portaria n. 3.067, de 12 de abril de 1988, foram aprovadas as Normas Regulamentadoras Rurais – NRR, relativas à segurança e higiene no trabalho rural[37].

Na esfera penal, o artigo 132 do Código Penal tipifica como crime a exposição da vida ou da saúde de outrem a perigo direto e iminente; prevê os crimes de perigo comum (artigos 250 a 259), muitos dos quais aplicáveis às relações de trabalho. Outros crimes podem ser cometidos, de forma culposa ou dolosa, pela manutenção de más condições de trabalho, com a consequente exposição da vida dos trabalhadores a perigo, podendo inclusive ser o empregador condenado nos crimes de lesão corporal ou homicídio culposo (artigos 121 a 129 do CP). O § 2º do artigo 19 da Lei n. 8.213/91 (Previdência Social) considera contravenção penal o descumprimento das normas de segurança e medicina do trabalho. A Lei n. 6.938/81 prevê punição criminal do poluidor que expuser a perigo a incolumidade humana, animal ou vegetal, ou estiver tornando mais grave situação de perigo existente. A Lei n. 9.605/98 prevê, expressamente, a responsabilidade civil, administrativa e penal das pessoas jurídicas pelos danos ao meio ambiente, sem exclusão da responsabilidade das pessoas físicas praticantes do ato (artigo 3º)[38].

Nesta linha, o atual sistema de tutela ambiental alcança tanto o meio ambiente equilibrado, compreendido como bem autônomo de titularidade difusa não só das presentes, mas também das futuras gerações, como também alguns direitos fundamentais das pessoas individualmente consideradas, conexos com o direito fundamental ao meio ambiente equilibrado.

2.2 – A Proteção Internacional do Meio Ambiente do Trabalho

A tutela internacional da saúde e da segurança dos trabalhadores e, consequentemente, do meio ambiente do trabalho, delineou-se a partir da criação da Organização Internacional do Trabalho - OIT, cujo objetivo maior é a universalização e a uniformização das normas de proteção ao trabalho em todo o mundo[39].

---
(37) MORAES FILHO, Evaristo e MORAES, Antonio Carlos Flores, *Introdução ao direito do trabalho*, 11. ed.; São Paulo: LTr, 2014. p. 393.
(38) MELO, Raimundo Simão, *Direito ambiental do trabalho e a saúde do trabalhador*, *cit.*, p. 47.
(39) MELO, Raimundo Simão, *Direito ambiental do trabalho e a saúde do trabalhador*, *cit.*, p. 80.

A proteção do meio ambiente do trabalho é historicamente um dos principais temas debatidos e normatizados na Organização Internacional do Trabalho - OIT. O Brasil é historicamente um país empenhado no desenvolvimento e no cumprimento das normas laborais internacionais, uma vez que a esmagadora maioria das Convenções emanadas dessa organização internacional atinente ao meio ambiente de trabalho foi incorporada ao ordenamento jurídico nacional. Destacamos as principais Convenções da Organização Internacional do Trabalho – OIT, que embasam a ampliação do conceito de meio ambiente de trabalho para fins de segurança e saúde dos trabalhadores[40].

A Convenção n. 115, em vigor no Brasil desde 1967, prevê a proteção internacional dos trabalhadores contra as radiações ionizantes. Síntese clara da abrangência protetiva da norma é o seu artigo 3º que estatuiu: "À luz da evolução dos conhecimentos, todas as medidas adequadas serão tomadas para assegurar uma proteção eficaz dos trabalhadores contra as radiações ionizantes, do ponto de vista da saúde e segurança".

A Convenção n. 136, internalizada em 1994, trata da proteção contra os riscos de intoxicação provocada pelo benzeno. De acordo com o artigo 5º, "deverão ser adotadas medidas de prevenção técnica e de higiene do trabalho, a fim de assegurar proteção eficaz dos trabalhadores expostos ao benzeno e a produtos contendo benzeno".

A Convenção n. 139, promulgada no país em 1991, tem uma finalidade similar à da Convenção n. 136, mas uma abrangência bem maior. Aquela Convenção busca prevenir e controlar os riscos profissionais causados por substâncias ou agentes cancerígenos. Entre outras determinações, a referida norma prescreve que "todo Membro que ratifique a presente Convenção deverá adotar medidas para que os trabalhadores que tenham estado, estejam ou corram o risco de vir a estar expostos a substâncias ou agentes cancerígenos recebam toda a informação disponível sobre os perigos que representam tais substâncias e sobre as medidas a serem aplicadas".

A Convenção n. 148, parte do ordenamento jurídico brasileiro desde 1983, protege os trabalhadores contra os riscos advindos de contaminações no ar, de ruído ou de vibrações no local de trabalho. Essa norma prescreve, em seu artigo 4º, que "a legislação nacional deverá dispor sobre a adoção de medidas no local de trabalho para prevenir e limitar os riscos profissionais devidos à contaminação do ar, ao ruído e às vibrações, e para proteger os trabalhadores contra tais

---

(40) MACHADO, Sidnei, *O direito à proteção ao meio ambiente de trabalho no brasil*, 1. ed.; São Paulo: LTr, 2001. p. 58.

riscos" e, em seu artigo 5º, que "ao aplicar as disposições da presente Convenção, a autoridade competente deverá atuar em consulta com as organizações interessadas mais representativas de empregadores e empregados". Dentre os vários princípios expostos nessa norma, destaca-se a consolidação da ideia moderna de eliminação dos riscos, ao invés de sua neutralização. Nesse sentido, os equipamentos de proteção individual devem ser um último recurso, em face da impossibilidade de eliminação técnica do risco.

A Convenção n. 152, que vigora no Brasil desde 1991, visa garantir a segurança e a higiene nos trabalhos portuários. Nesse sentido, ela prevê, em seu artigo 5º que: "Cada vez que vários empregadores se entregarem simultaneamente a atividades num mesmo local de trabalho, deverão colaborar visando à aplicação das medidas prescritas, sem prejuízo da responsabilidade de cada empregador para com a saúde e segurança dos trabalhadores por ele empregados".

A Convenção n. 167, incluída no ordenamento jurídico pátrio em 2007, especializa-se na segurança e na saúde dos trabalhadores na construção civil. Em seu artigo 1º, a norma delimita que: "A presente Convenção aplica-se a todas as atividades de construção, isto é, os trabalhos de edificação, as obras públicas e os trabalhos de montagem e desmonte, inclusive qualquer processo, operação e transporte de obras, desde a preparação das obras até a conclusão do projeto". O crescimento das empresas de construção civil e do número de empregados nessa área, bem como os enormes projetos de construção em todo o Brasil no âmbito do Programa de Aceleração do Crescimento (PAC), destacam a importância do conhecimento dessa norma internacional no Brasil.

Pode-se afirmar, todavia, que a proteção internacional do meio ambiente do trabalho destacou-se na Convenção n. 155, aprovada na 67ª Reunião da Conferência Internacional do Trabalho, realizada na sede da Organização Internacional do Trabalho em Genebra, em 1981.

Essa Convenção n. 155, internalizada em 1993, é bastante abrangente na sua natureza protetiva em relação à segurança e à saúde dos trabalhadores e ao meio ambiente do trabalho. Já em seu artigo 1º, essa norma trabalhista internacional afirma que: "A presente Convenção aplica-se a todas às áreas de atividade econômica". Ela determina, em seu artigo 4º, que: "Todo Membro deverá, em consulta com as organizações mais representativas de empregadores e trabalhadores, e levando em conta as condições e as práticas nacionais, formular, pôr em prática e reexaminar periodicamente uma política nacional coerente em matéria de segurança e saúde dos trabalhadores e o meio ambiente de trabalho". Essa política terá como objetivo prevenir os acidentes e os danos à saúde que forem consequência do trabalho e tenham relação com a atividade de trabalho, ou se apresentarem durante o trabalho, reduzindo ao mínimo, na medida em que for razoável e possível, as causas dos riscos inerentes ao meio ambiente do trabalho.

Essa Convenção, portanto, é basilar para garantir um padrão mínimo de proteção aos trabalhadores de todo o mundo, com a obrigação de cada Estado-parte formular uma política nacional em matéria de meio ambiente do trabalho. A título de exemplo, reconhece que o meio ambiente do trabalho não está adstrito às edificações de um estabelecimento empresarial, pois o conceito de local de trabalho abarca todos os locais onde os trabalhadores devam permanecer ou tenham de comparecer, e que estejam sob o controle direto ou indireto, do empregador (artigo 3º). Confere direito ao empregado de interromper uma situação laboral que considere conter perigo iminente e grave a sua vida ou a sua saúde, sem que esse trabalhador possa ser punido por isso[41].

Por um lado, exige treinamento apropriado dos trabalhadores quanto às questões de segurança e higiene do trabalho. Por outro, obriga os empregados a cooperar no cumprimento das normas de segurança e saúde estabelecidas pelos empregadores. Dispõe que nenhuma providência na área de segurança ou higiene do trabalho poderá implicar ônus financeiro para os trabalhadores.

A Convenção n. 161, vigente no território nacional desde 1991, prevê a implementação de serviços abrangentes de saúde no trabalho. O artigo 2º da Convenção é claro ao estatuir que: "À luz das condições e da prática nacionais e em consulta com as organizações de empregadores e de trabalhadores mais representativas, onde estas existam, todo membro deverá definir, pôr em prática e reexaminarperiodicamente uma política nacional coerente em relação aos serviços de saúde no trabalho". Ademais, em seu artigo 3º, expõe que: "Todo membro se compromete a instituir progressivamente, serviços de saúde no trabalho para todos os trabalhadores, entre os quais se contam os do setor público, e os cooperantes das cooperativas de produção, em todos os ramos da atividade econômica e em todas as empresas; as disposições adotadas deverão ser adequadas e corresponder aos riscos específicos que prevalecem nas empresas".

A Convenção n. 170, vigente no país desde 1998, trata da segurança dos trabalhadores na utilização de produtos químicos no trabalho. De acordo com o seu artigo 1º, ela "aplica-se a todos os ramos da atividade econômica em que são utilizados produtos químicos". De

---

(41) SÜSSEKIND, Arnaldo, *Convenções da OIT*, 2. ed.; São Paulo: LTr, 1998. p. 392-398.

maneira similar às Convenções ns. 155 e 161, o artigo 4º prevê que: "Todo membro deverá, em consulta com as organizações mais representativas de empregadores e trabalhadores, e levando na devida conta as condições e práticas nacionais, formular, pôr em prática e reexaminar periodicamente uma política coerente de segurança na utilização de produtos químicos no trabalho".

A Convenção n. 174, promulgada no Brasil em 2002, busca a prevenção de grandes acidentes industriais que envolvam substâncias perigosas e a limitação das consequências desses acidentes no mundo. Com esse fim, o artigo 4º da referida norma menciona que: "Todo Estado-membro, à luz das leis e regulamentos, das condições e práticas nacionais, e em consulta com as organizações mais representativas de empregadores e trabalhadores e outras partes interessadas que possam ser afetadas, deverá formular, adotar e rever, periodicamente, uma política nacional coerente relativa à proteção dos trabalhadores, da população e do meio ambiente contra os riscos de acidentes maiores".

Por fim, a Convenção n. 176, incluída no ordenamento pátrio em 2006, individualiza-se na segurança e na saúde dos trabalhadores em minas. Em seu artigo 2º, a norma delimita que "a presente Convenção aplica-se a todas as minas" e, no artigo 3º, estabelece que "de acordo com as condições e as praxes nacionais e após consultas com as organizações mais representativas de empregadores e trabalhadores interessadas, o Estado-membro deverá formular, aplicar e rever periodicamente uma política nacional coerente em matéria de segurança e de saúde nas minas, especialmente no que tange às medidas para tornar efetivas as disposições da presente Convenção".

Por meio da leitura dessas Convenções, percebe-se que continua sendo fundamental que o Brasil participe da elaboração no âmbito internacional e internalize tais regras no âmbito nacional.

Primeiramente, porque essas Convenções assumem um local de destaque na pirâmide normativa brasileira. Ademais, porque vinculam fortemente o legislador pátrio e protegem continuamente os trabalhadores no Brasil. Por fim, denota-se que há uma preocupação grande em nível internacional com a questão da prevenção e promoção da saúde e segurança do trabalhador, figurando a Organização Internacional do Trabalho – OIT com ente internacional de maior relevância nesta temática[42].

---

(42) ROMITA, Arion Sayão, *Direitos fundamentais nas relações de trabalho*, cit., p. 387-390.

2.3 – Direito Fundamental do Trabalhador ao Meio Ambiente do Trabalho Seguro e Adequado

A partir do momento em que a dignidade da pessoa humana e sua efetivação se tornam o fim maior do ordenamento jurídico, este escopo começa a permear o mundo juslaboral.

Na execução de suas atividades os trabalhadores envolvem-se diariamente com materiais diversos, próprios de seu local de trabalho, tais como máquinas, móveis, utensílios, ferramentas, e ainda com outros de sentido imaterial, tais como as rotinas de trabalho e procedimentos diversos oriundos do poder diretivo patronal, expondo-se a vários riscos que podem lhe causar sérios danos.

Na época da Revolução Industrial o ambiente de trabalho era uma máquina de mutilar e ceifar a vida dos trabalhadores. Atualmente, em meio a tanta modernidade e sofisticação, os trabalhadores continuam sendo vítimas dos acidentes de trabalho e doenças ocupacionais.

Não há duvida de que o trabalho permite que a maioria das pessoas tenha a oportunidade de, além de prover seu sustento próprio e o de sua família, melhorar a sua condição de vida. Entretanto, o mesmo trabalho pode levar à deterioração da saúde física e mental do trabalhador, quando não chega ao extremo de comprometer sua própria vida.

Nesse sentido, destacamos os ensinamentos do Jurista Raimundo Simão de Melo[43]:

> É dever e tarefa primordial do empregador e/ou tomador de serviços manter um ambiente de trabalho que preserve a saúde e a integridade física e mental do trabalhador, evitando a ocorrência de doenças ocupacionais e acidentes de trabalho, infortúnios que provocam gravíssimas repercussões tanto na esfera empresarial quanto nos âmbitos jurídico e social.

Os detentores dos meios de produção devem observar estratégias de ação, próprias da prevenção de riscos, que permitam o alcance de resultados que promovam um ambiente de trabalho salutar e seguro. Em face da multiplicidade de partícipes que a relação de trabalho pode envolver, entende-se que a tutela do meio ambiente do trabalho não se limita à relação empregatícia, estendendo-se a todo e qualquer tipo de trabalhador, independentemente da relação jurídica existente[44].

---

(43) MELO, Raimundo Simão, *Direito ambiental do trabalho e a saúde do trabalhador*, cit., p. 67.
(44) GARCIA, Gustavo Filipe Barbosa, *Direitos fundamentais e relação de emprego*, cit., p. 19.

Desse modo, não basta ao sistema jurídico assegurar direitos reparatórios aos lesados (monetização do risco, segundo a visão da infortunística); é imperioso, também, exigir que o empregador ou tomador de serviços adote todos os recursos e tecnologias disponíveis para evitar acidentes e doenças ocupacionais (visão prevencionista), nos termos da Convenção n. 148 da Organização Internacional do Trabalho - OIT. Na escala dos valores, acima dos direitos decorrentes do trabalho, devem figurar as garantias possíveis da preservação da vida e da integridade física e mental do trabalhador.

A aprovação da Convenção n. 155 da Organização Internacional do Trabalho - OIT provocou uma substancial mudança no tratamento da proteção à saúde nos Tratados até então firmados. Rompeu definitivamente com o paradigma individualista do direito e passou a compreendê-lo como elemento integrante do conceito de meio ambiente, mais especificamente do meio ambiente do trabalho.

O aludido instrumento representou um considerável avanço no tratamento dado ao direito de proteção à saúde do trabalhador em virtude dos aspectos relativos à conceituação do direito à saúde e pelo fato de haver estabelecido para os países signatários o compromisso de implantação de uma política nacional em matéria de segurança e saúde dos trabalhadores e o meio ambiente de trabalho, com a participação das organizações mais representativas de trabalhadores e empregadores[45].

De acordo com o artigo 7º, inciso XXII, da atual Constituição Federal, a saúde e segurança do trabalhador são direitos constitucionalmente protegidos e sua efetividade está diretamente ligada à promoção do princípio da dignidade humana e do valor social do trabalho. Assim, como o princípio da dignidade humana, o direito fundamental à saúde e segurança é inerente à própria condição humana, e, por isso, de estatura elevadíssima, a determinar que os outros princípios sejam harmonizados com ele[46].

O referido artigo 7º, XXII, da Constituição Federal[47], na moderna interpretação constitucional, em que se conjuga a importância dos direitos fundamentais com a força normativa da Constituição, orienta a interpretação de todas as outras normas do ordenamento jurídico a respeito de saúde e segurança do trabalho, determina a compatibilização de diversos outros princípios existentes no texto constitucional e na legislação infraconstitucional, e exige a revisão de conceitos

---
(45) OLIVEIRA, Sebastião Geraldo, *Proteção jurídica à saúde do trabalhador*, 5. ed.; São Paulo: LTr, 2010. p. 63.
(46) MELO, Raimundo Simão, *Direito ambiental do trabalho e a saúde do trabalhador*, cit., p. 301.
(47) Artigo 7º, XXII, CF/88 - Redução dos riscos inerentes ao trabalho, por meio de normas de saúde, higiene e segurança.

arraigados na cultura jurídica e no estudo técnico-científico de saúde e segurança do trabalho.

A proteção à saúde do trabalhador é um direito-dever de cunho social, visto como um dos mais importantes e avançados da atual Constituição. Volta-se para quaisquer pessoas e atribuiu às normas constitucionais a consciência de que o direito à vida, como matriz de todos os demais direitos fundamentais do homem é que há de orientar as formas de atuação no campo da tutela do meio ambiente. Falar-se, portanto, em proteção à vida humana, é, em última instância, também assegurar o direito à vida com qualidade, o que inclui a garantia à saúde e às condições de trabalho saudáveis.

O Professor e Ministro do Tribunal Superior do Trabalho Cláudio Brandão afirma que os direitos elencados em razão da segurança do trabalhador guardam correlação com o direito à vida e à saúde, o que confirma a interligação com os direitos fundamentais, razão pela qual devem prevalecer. Confira[48]:

> O direito à vida e à integridade psicofísica se sobrepõe ao direito de defesa ou ao direito de propriedade de que é titular o empresário, porque não resta dúvida de que a vida do trabalhador prevalece sobre qualquer interesse material ou econômico do empregador. O trabalhador deve permanecer em um ambiente de trabalho que proporcione condições dignas de saúde e segurança, que devem ser observadas pelo empregador e pelo Poder Público.

O número total de acidentes de trabalho registrados no Brasil aumentou de 709.474 casos em 2010 para 711.164 em 2011. Nesse mesmo ano morreram 2.884 trabalhadores vítimas de acidentes, 14.811 ficaram com incapacidade permanente para o trabalho e 49 trabalhadores/dia não retornaram ao trabalho em razão de invalidez ou morte. Foram registrados 15.083 doenças relacionadas com o trabalho e 611.576 trabalhadores se afastaram de suas atividades por incapacidade temporária, destes 301.945 com afastamento superior a 15 dias. Em 2012, foram registrados 705.239 acidentes. Houve uma pequena redução, mas o total continua acima dos 700 mil por ano, o que é ainda alarmante. O número de trabalhadores mortos em 2012 foi de 2.731. Ficaram permanentemente incapacitados para o trabalho 14.755 trabalhadores. Foram 541.286 acidentes com afastamento em razão de incapacidade temporária (Registros do Anuário Estatísticos do Ministério da Previdência Social[49]).

---

(48) BRANDÃO, Cláudio, *Acidente do trabalho e responsabilidade civil do empregador*, cit., p. 296.
(49) Anuário Estatístico da Previdência Social. Disponível em: <www.mpas.gov.br/conteudoDinamico>. Acesso em 01.jun.2015.

Os números estatísticos são ainda mais preocupantes quando se analisa a categoria de empregados terceirizados, os quais representam a grande maioria das vítimas[50].

O Jurista Arion Sayão Romita acentua a necessidade da existência de meio ambiente de trabalho seguro e adequado, inclusive aos trabalhadores terceirizados, nos seguintes termos[51]:

> Quando se pensa em ambiente de trabalho, cogita-se de um espaço no qual atuam trabalhadores em geral, pouco importando o empregador a que vinculados mediante relação de emprego formal. Se a empresa contratante entrega serviços a serem executados em seu estabelecimento pela empresa subcontratada, os empregados deste têm direito ao meio ambiente de trabalho seguro. Afinal, os riscos ambientais são os mesmos para uns e para outros. A prática revela que nem sempre a empresa contratante dispensa aos empregados da subcontratada os mesmos cuidados com o ambiente de trabalho, tal como procede em relação a seus próprios empregados. Se os riscos ambientais são os mesmos para todos, não se justifica tratamento desigual dado a trabalhadores submetidos às mesmas condições de meio ambiente.

A partir dessas informações conclui-se que os acidentes de trabalho e as doenças ocupacionais causam deletérios efeitos em toda a sociedade. Tal realidade não é compatível com os avanços do século XXI, os anseios dos cidadãos e os valores que permeiam as relações humanas.

Quando a Constituição Federal menciona dignidade humana, valor social do trabalho, pleno emprego e defesa do meio ambiente, está afirmando categoricamente que não basta qualquer trabalho, mas trabalho decente, adequado e seguro, como forma de preservar a saúde do trabalhador.

O trabalhador submetido ao trabalho infantil, ao trabalho escravo, à organização de trabalho nociva, exposto a pressões psicológicas, assédio moral e sexual, violência decorrente do local de trabalho e a todo tipo de malefício para a saúde e integridade física decorrentes das condições de trabalho, trabalho sem equipamento de proteção, máquinas sem dispositivos de segurança, sem treinamento adequado, e a tantas outras situações de precariedade de condições de trabalho violam o direito fundamental ao meio ambiente de trabalho seguro e adequado.

---

(50) ANAMATRA – Associação Nacional dos Magistrados da Justiça do Trabalho – <www.anamatra.org.br/artigos>. Acesso em 01.jun.2015.
(51) ROMITA, Arion Sayão, Direitos Fundamentais nas Relações de Trabalho, cit., p. 394.

O artigo 170, *caput,* inciso VI, da Constituição Federal de 1988[52], versa sobre a ordem econômica e assegura a livre-iniciativa, fundada na defesa do meio ambiente e na valorização do trabalho humano, de modo a assegurar a todos a existência digna, de acordo com os ditames da justiça social. Dessa forma, o modo de produção capitalista necessita conjugar os termos da economia de mercado às questões sociais e humanitárias, na busca do meio ambiente do trabalho equilibrado e do respeito irrestrito à dignidade da pessoa do trabalhador.

Assim, não há campo, nem sob o ponto de vista jurídico nem moral, para invocar-se a autonomia privada em detrimento da realização do direito fundamental à saúde do trabalhador.

Por isso, o Estado capitalista contemporâneo não se funda apenas na livre iniciativa, mas a conjuga com os valores sociais do trabalho. Trata-se de um Estado que condiciona o exercício da propriedade privada ao cumprimento de sua função social (art. 5º, XXII e XXIII, art. 170, II e III, da Constituição Federal)[53].

No Estado Democrático de Direito, os direitos fundamentais sociais e de solidariedade são realçados não apenas por razões humanitárias, mas pelo reconhecimento de que os objetivos da ordem econômica, para se realizarem, necessitam de uma racionalidade do sistema capitalista que precisa coibir os abusos, para não se tornar autofágico[54].

Com relação à aparente antinomia entre as normas constitucionais, destacamos a lição do Professor Júlio César de Sá da Rocha, nos seguintes termos[55]:

> Havendo confronto entre o princípio da livre-iniciativa e saúde do trabalhador, ou entre o direito de propriedade e a saúde do trabalhador, há que se entender que a saúde do trabalhador constitui um interesse coletivo que autoriza a proporcional redução do âmbito de eficácia dos direitos empresariais e dominiais.

E quanto aos outros direitos dos trabalhadores, previstos na Consolidação das Leis do Trabalho (CLT) e em outras leis esparsas,

---

(52) Artigo 170 da CF/88 – A ordem econômica, fundada na valorização do trabalho humano e na livre-iniciativa, tem por fim assegurar a todos existência digna, conforme os ditames da justiça social e observados os seguintes princípios: (...) VI - defesa do meio ambiente, inclusive mediante tratamento diferenciado conforme o impacto ambiental dos produtos e serviços e de seus processos de elaboração e prestação.
(53) Artigo 5º, XXII, da CF/88 – é garantido o direito de propriedade; Artigo 5º, XXIII, da CF/88 – a propriedade atenderá sua função social; Artigo 170, II, da CF/88 – propriedade privada; Artigo 170, III, da CF/88 – função social da propriedade.
(54) DELGADO, Mauricio Godinho e DELGADO, Gabriela Neves, *Constituição da república e direitos fundamentais, cit.,* p. 61.
(55) ROCHA, Júlio César de Sá, *Direito ambiental e meio ambiente de trabalho,* São Paulo: 1. ed.; LTr, 1997. p. 39.

por força da eficácia irradiante e horizontal do direito fundamental à saúde do trabalhador, a sua interpretação deve ser feita sem perder o parâmetro que impõe a redução dos ricos inerentes ao trabalho (artigo 7º, XXII, da Constituição Federal).

Ressalte-se que os empregadores e/ou tomadores de serviços são obrigados a preservar a saúde dos seus trabalhadores e a envidar todos os esforços para isso, não só porque em caso de eventual colisão de princípios, a saúde do trabalhador encontra-se num patamar constitucional valorativo superior, mas porque a saúde do trabalhador é um direito fundamental que não obriga somente ao Estado, mas também aos particulares[56].

A Constituição Federal de 1988 consolidou um novo paradigma de proteção ao meio ambiente, termo sequer citado em qualquer outro texto constitucional brasileiro que a tenha antecedido. E ao se referir, em seu artigo 225, ao direito de todos ao meio ambiente ecologicamente equilibrado, enquanto um bem jurídico diferenciado, de uso comum do povo, e essencial à sadia qualidade de vida não só das presentes, mas também das futuras gerações, albergou um direito fundamental, referido aos direitos da solidariedade, enquanto um direito fundamental da terceira dimensão, possuindo eficácia horizontal, de modo a vincular todos os envolvidos na relação de trabalho.

Sobre a concepção estática de meio ambiente de trabalho (complexo máquina – trabalho – edificação), pode-se ponderar que atualmente a crescente utilização das novas tecnologias pelos empreendimentos econômicos tem impossibilitado a vinculação de ambiente de trabalho a edificações e/ou estabelecimentos, principalmente, considerando que o fornecimento aos trabalhadores de *notebooks, tablets,* dentre outros equipamentos, ampliou o ambiente de trabalho para além dos estabelecimentos físicos das fábricas e escritórios, inclusive, em algumas situações, passando a vincular o trabalhador 24 (vinte e quatro) horas por dia à atividade profissional, independentemente de estar com a família ou amigos em ambiente de lazer, cultura ou cunho religioso.

A rede de proteção jurídica do trabalhador no seu ambiente de trabalho foi sobremaneira ampliada pela Constituição Federal de 1988 e sua ampla abordagem do meio ambiente do trabalho. Desta forma, toda a sistemática de proteção da qualidade de vida decorrente da legislação ambiental incide hodiernamente sobre o meio ambiente do trabalho.

O ambiente de trabalho seguro constitui direito fundamental dos trabalhadores. As normas a eles aplicáveis são dotadas de cogência absoluta e asseguram aos trabalhadores direitos indisponíveis, ante

---

(56) ROMITA, Arion Sayão, *Direitos fundamentais nas relações de trabalho, cit.*, p. 389.

o caráter social que revestem e o interesse público que as aspira. Não podem sofrer derrogação nem mesmo pela via negocial coletiva. O interesse público está presente quando se trata de ambiente do trabalho, cujo alcance ultrapassa o interesse meramente individual de cada trabalhador envolvido, embora seja ele o destinatário imediato da aplicação da norma[57].

Conclui-se que a proteção da saúde e segurança dos riscos inerentes ao trabalho é direito constitucionalmente garantido ao obreiro, direito fundamental de terceira dimensão, e, em contrapartida, é dever do empregador e do tomador de serviços oferecer e manter um ambiente de trabalho seguro e saudável, contando sempre com a contribuição do trabalhador para se atingir esse objetivo.

2.4 – Princípios do Direito Ambiental e o Meio Ambiente do Trabalho

O homem tem o direito fundamental à liberdade, à igualdade e ao desfrute de condições de vida adequadas em um meio ambiente de qualidade, tendo a solene obrigação de proteger e melhorar o meio ambiente para as gerações presentes e futuras.

O regime de tutela do meio ambiente definido na Constituição Federal e na Lei n. 6.938/81 é pautado por 6 (seis) princípios que subjazem aos seus dispositivos e, por essa razão, orientam as ações a serem implementadas pelo Poder Público no controle preventivo e repressivo dos danos ambientais e pelo poder privado na exploração econômica dos bens naturais e da mão de obra humana[58].

Os princípios auxiliam na interpretação e a composição de aspectos controvertidos do Direito Ambiental, bem como contribuem para o entendimento da disciplina e orientam a aplicação das normas relativas à proteção do meio ambiente.

Sendo, portanto, o meio ambiente um conceito unitário, é natural que tais postulados tenham plena aplicabilidade ao meio ambiente do trabalho, de modo a condicionar a organização dos fatores de produção por parte dos agentes privados e do Poder Público na concretização de tutela preventiva e repressiva das condutas dos particulares atentatórias a tais diretrizes.

---

(57) ROMITA, Arion Sayão, *Direitos fundamentais nas relações de trabalho*, cit., p. 390.
(58) NOGUEIRA, Sandro D'Amato, *O princípio da prevenção na vigilância e na saúde ambiental*, 1. ed.; São Paulo: LTr, 2008. p. 15.

2.4.1 – Princípio do Desenvolvimento Sustentável

No que tange ao princípio do desenvolvimento sustentável, pode-se afirmar que seu significado para o meio ambiente do trabalho aponta para a necessidade de que a organização dos fatores de produção evolua, sempre, no sentido de preservar, na maior medida possível, o direito à integridade física e mental dos trabalhadores, de modo a assegurar às futuras gerações obreiras níveis cada vez mais seguros de exploração aos riscos laborais, de modo a evitar que estes últimos venham a ser privados, no futuro, da fruição daquelas garantias[59].

O desenvolvimento econômico deve buscar um ponto de equilíbrio com o escopo de preservar o meio ambiente de trabalho e respeitar a dignidade humana, a saúde e a vida dos trabalhadores.

É preciso, no âmbito do Direito do Trabalho, que se implemente o princípio do desenvolvimento sustentável e se busque emprego com dignidade e qualidade de vida para aqueles que trabalham com o escopo de afastar os acidentes de trabalho, que continuam a destruir vidas humanas e a desgastar a economia do país.

2.4.2 – Princípio da Precaução

O princípio da precaução indica que a ausência de pleno conhecimento a respeito de um determinado risco laboral não deve servir de empecilho para a implementação de medidas, por parte do Poder Público e dos particulares, tendentes à sua eliminação ou à sua redução.

Dito em outros termos, o postulado em apreço assevera que mesmo diante de indícios inconclusivos a respeito da lesividade potencial de algum fator produtivo, a Administração Pública e os particulares devem agir, no máximo, no sentido de evitar a perpetração de lesões à integridade física e à vida dos obreiros.

O princípio em questão é a garantia contra os riscos potenciais que, de acordo com o estado atual do conhecimento, não podem ser ainda identificados. Decorre desse princípio que mesmo na ausência da certeza científica formal, a existência de um risco de um dano sério ou irreversível requer a implementação de medida que possa evitar possível dano[60].

---

(59) GARCIA, Gustavo Filipe Barbosa, *Direitos fundamentais e relação de emprego, cit.*, p. 20.
(60) MELO, Raimundo Simão, *Direito ambiental do trabalho e a saúde do trabalhador, cit.*, p. 57.

A decisão a seguir ementada demonstra a tendência do Colendo Tribunal Superior do Trabalho sobre a aplicação do princípio da precaução em relação às questões ambientais e à saúde do trabalhador:

> EMENTA: DANO MORAL. RESPONSABILIDADE SUBJETIVA. FALECIMENTO EM DECORRÊNCIA DE DOENÇA PROFISSIONAL. CONTATO COM AMIANTO/ABESTO. A omissão da reclamada no cuidado com o meio ambiente seguro de seus empregados acarreta o reconhecimento da sua responsabilidade objetiva pelos eventos danosos que, na hipótese dos autos, não apenas eram presumíveis, mas também evitáveis. As atuais preocupações reveladas pela sociedade, no que tange às questões correlatas ao meio ambiente, às condições de trabalho, à responsabilidade social, aos valores éticos e morais, bem como a dignidade da pessoa humana, exigem do empregador estrita observância do PRINCÍPIO DA PRECAUÇÃO. Este princípio informa que quando houver ameaça de danos ao meio ambiente seguro e sadio do trabalho, a ausência de absoluta certeza não deve ser utilizada como meio para postergar medidas eficazes e economicamente viáveis para prevenir o dano. Mister, portanto, a adoção de critérios de prudência e vigilância a fim de evitar o dano, ainda que potencial. O amianto é uma fibra mineral cancerígena e banida em vários países do mundo. Dados científicos comprovam amplamente seus efeitos danosos à saúde humana. No Brasil, o amianto é tolerado, embora não existam limites de tolerância suficientemente seguros para garantir a vida e a segurança daqueles que estão em contato diário com o amianto. Deste modo, restou comprovado o nexo de causalidade entre a conduta do empregador e o resultado danoso de que é vítima o trabalhador, configurando-se, pois, a responsabilidade civil do empregador pela negligência e omissão na manutenção do ambiente de trabalho seguro (Processo RR n. 40500-98.2006.5.04.0281, julgado em 05.05.2010, Rel. Ministro Aloysio Corrêa da Veiga, 6ª Turma, DEJT de 14.05.2010).

Sendo assim, ainda que houver apenas ameaça de dano ao meio ambiente seguro e adequado, o empregador e/ou tomador de serviços não deve postergar a adoção de critérios de prudência e vigilância a fim de evitar o dano, devendo antecipar e avaliar os riscos de sua atividade.

2.4.3 – Princípio da Prevenção

O princípio da prevenção, por sua vez, ao contrário da precaução, pressupõe o conhecimento a respeito dos riscos laborais e impõe aos particulares e aos agentes públicos a implementação de todas as medidas cabíveis no sentido de evitar a materialização das lesões deles decorrentes[61].

O princípio da prevenção está consagrado no artigo 225 da Constituição Federal de 1988 e sua aplicação no âmbito trabalhista está relacionada à obrigação não só do Estado, mas também do empregador e/ou tomador de serviços em orientar os trabalhadores quanto aos riscos ambientais e fornecer equipamentos adequados de proteção.

---

(61) NOGUEIRA, Sandro D'Amato, *O princípio da prevenção na vigilância e na saúde ambiental*, cit., p. 16.

Decorre também desse princípio a necessidade de punição adequada do poluidor nos aspectos administrativos, penais e civis, neste último, observando-se o seu poder econômico. Mas também não se pode perder de vista a necessidade de alteração da legislação para se conceder incentivos fiscais às atividades em que os empreendedores levem em conta a prevenção do meio ambiente do trabalho, como, por exemplo, a diminuição das contribuições do Seguro de Acidente de Trabalho – SAT, previstas na Lei n. 8.212/91 (artigo 22, II).

Não há dúvida de que os incentivos fiscais conferidos às atividades que atuem em parceria com o meio ambiente são instrumentos a serem explorados na efetivação do princípio da prevenção.

2.4.4 – Princípio da Melhora Contínua

O princípio da melhora contínua é um desdobramento específico do princípio da prevenção. Indica que a exploração de uma atividade acarretadora de riscos para a integridade física e psíquica dos trabalhadores deve acompanhar a evolução das técnicas e dos métodos voltados para a redução ou para a neutralização daquelas ameaças[62].

Nesse sentido, o postulado exige, a título exemplificativo, que diante da disponibilização, no mercado, de um novo equipamento de proteção coletiva, os empregadores devem envidar todos os esforços para adquiri-los e implantá-los em suas unidades produtivas.

2.4.5 – Princípio da Participação

O princípio da participação, quando aplicado ao Direito Ambiental do Trabalho, indica que os obreiros não só deverão tomar parte das decisões a envolverem aspectos concernentes à organização dos locais de trabalho, tal como ocorre nas Comissões e Conselhos de Fábrica existentes nas legislações europeias, como também devem ter acesso à totalidade das informações sobre as questões laborambientais que estejam em poder do empregador.

Sendo assim, se faz necessária uma atuação conjunta entre o Estado, empregador, tomador de serviços e trabalhador para preservar e proteger o meio ambiente na busca de melhoria das condições de trabalho.

---

(62) GARCIA, Gustavo Filipe Barbosa, *Direitos fundamentais e relação de emprego*, cit., p. 21.

Esse princípio decorre do quanto disposto no artigo 225 da Constituição Federal, que incumbe ao Poder Público e à sociedade preservar e proteger o meio ambiente. A obrigação de defender o meio ambiente, portanto, não é só do Estado, nem só da coletividade, mas de ambos, e, por isso, devem, conjuntamente, estabelecer parceira e unir forças.

De outro lado, incumbe aos sindicatos, como parte da sociedade organizada, a defesa dos direitos e interesses coletivos ou individuais da categoria, inclusive em questões judiciais e administrativas (CF, artigo 8º, III), o que inclui o meio ambiente do trabalho. Também, com a tarefa de prevenir riscos ambientais no trabalho existem as Comissões Internas de Prevenção de Acidentes – CIPAs, cujos representantes eleitos pelos trabalhadores têm garantia de emprego para bem cumprirem seu papel (ADCT, artigo 10, inciso II, letra *a*).

2.4.6 – Princípio do Poluidor-Pagador

O princípio do poluidor-pagador não só exige do empregador que explora atividade acarretadora de riscos físicos e psíquicos aos trabalhadores a adoção das medidas necessárias à neutralização ou à redução de tais ameaças (aspecto preventivo), como também lhe impõe o dever de reparar os danos ocasionados aos obreiros (aspecto reparatório).

Se o conceito de meio ambiente é um todo, a ter como uma de suas partes integrantes o meio ambiente do trabalho, é evidente que as definições legais de poluição e de poluidor estender-se-ão aos desequilíbrios nos locais de trabalho ocasionados pelos empregadores ou, em geral, por aqueles que organizam os fatores de produção e submetem a eles os trabalhadores.

Tais desequilíbrios que caracterizam a poluição labor-ambiental compreendem, justamente, as condições de risco à integridade psíquica e física inerentes aos locais de trabalho que são submetidos os obreiros. Nesse sentido, pode ser caracterizada como poluição labor-ambiental tanto a subsistência de um maquinário carente de manutenção adequada que põe em risco a segurança e a integridade física dos trabalhadores, quanto ao não oferecimento de equipamentos de proteção individual/coletiva aos empregados[63].

Enfim, qualquer fator que ocasionar riscos sérios à integridade psíquica e física dos trabalhadores, de modo a desequilibrar o meio ambiente do trabalho, será classificado como poluição ao labor ambiental[64].

---

(63) MELO, Raimundo Simão, *Direito ambiental do trabalho e a saúde do trabalhador*, cit., p. 63.
(64) Artigo 225, § 3º, da CF/88 – As condutas e atividades consideradas lesivas ao meio ambiente sujeitarão os infratores, pessoas físicas ou jurídicas, a sanções penais e administrativas, independentemente da obrigação de reparar os danos causados.

2.5 – Instrumentos de Proteção e Prevenção do Meio Ambiente do Trabalho

A redução e prevenção dos riscos concernentes à atividade laborativa é direito fundamental de terceira dimensão que visa permitir que o trabalhador goze de uma vida com saúde e respeito à sua integridade física e mental.

A dignidade humana é um núcleo do sistema jurídico por meio do qual todas as normas devem ser criadas e interpretadas. Assim, o princípio constitucional da dignidade humana se apresenta como centro dos direitos fundamentais, que encontra no ambiente de trabalho seguro e saudável, em que há respeito às normas de saúde e segurança e uma preocupação constante com a redução e eliminação da infortunística laboral, um dos meios de sua efetivação.

A prevenção da infortunística laboral, o respeito e cuidado com a saúde e integridade física e mental dos trabalhadores é uma das formas de conferir efetividade aos princípios da dignidade da pessoa humana e do valor social do trabalho e proporcionar um aumento de produtividade do trabalhador que exerce suas atividades de maneira saudável e com tranquilidade.

Os trabalhadores têm direito a desenvolver suas atividades em ambiente equilibrado, saudável e seguro, competindo ao empregador e ao tomador de serviços disponibilizar meios seguros e adequados para o cumprimento de suas tarefas. Não se trata de liberalidade que fica ao critério do empregador conceder ou não, mas de dever legal que decorre das disposições contidas nos artigos 7º, XXII, e XXIII, 200, VIII, e 225, § 3º, da Constituição Federal.

O meio ambiente do trabalho consiste em todo e qualquer local, natural e/ou artificial (inclusive o ciberespaço), em que o trabalhador desenvolve suas atividades laborais, devendo o empregador e o tomador de serviços sempre observar as normas que estabelecem as condições mínimas de segurança, higiene, conforto e bem-estar, de modo a garantir ao trabalhador sadia qualidade de vida no âmbito físico, mental e social.

A Consolidação das Leis do Trabalho (CLT) trouxe em seu bojo um capítulo próprio sobre segurança e medicina do trabalho e especificou algumas ações que devem ser adotadas a fim de prevenir danos à saúde dos empregados e conscientizar acerca dos riscos existentes no ambiente de trabalho.

Deve-se buscar a conscientização de empregadores, tomadores de serviços e trabalhadores para a importância da prevenção da infortunística laboral, obrigatoriedade e fiscalização do fornecimento e uso dos equipamentos de proteção, implantação de programas de eliminação ou, ao menos, redução máxima do risco, treinamento adequado e constantes reciclagens do trabalhador e o envolvimento de toda a comunidade empresarial na busca pela efetivação de medida de segurança.

O bem jurídico protegido pelas normas de saúde e segurança do trabalho é uno, diz respeito a qualquer trabalhador, seja da empresa contratante, seja da empresa contratada.

Portanto, as normas que dispensam proteção ao trabalhador quanto à saúde e à segurança sujeitam a empresa contratante não só em face de seus próprios empregados, mas também perante os da empresa de prestação de serviços.

2.5.1 – Normas de Segurança e Saúde no Trabalho

A Consolidação das Leis do Trabalho (CLT) versa sobre a segurança e medicina do trabalho em seu Título II, Capítulo V, conforme o artigo 154 e seguintes (com redação determinada pela Lei n. 6.514, de 22 de dezembro de 1977).

Tendo em vista que muitos dos aspectos pertinentes à matéria apresentam enfoque técnico, o artigo 200 da Consolidação das Leis do Trabalho (CLT) incumbiu ao Ministério do Trabalho e Emprego estabelecer disposições complementares às normas em questão, em razão das peculiaridades de cada atividade ou setor do trabalho[65].

Neste sentido, a Portaria n. 3.214/78 do Ministério do Trabalho e Emprego regulamentou inicialmente 28 (vinte e oito) normas de segurança e saúde no trabalho de observância obrigatória pelas empresas privadas e públicas e pelos órgãos públicos da administração direta e indireta, bem como pelos órgãos dos Poderes Legislativo e Judiciário, que possuam empregados regidos pela CLT (NR 1, item 1.1), algumas das quais vigentes até os dias atuais, com a finalidade de fixar padrões de atuação e conduta aos empregados e empregadores no que tange à adequada higidez do meio ambiente do trabalho.

As disposições contidas nas Normas Regulamentadoras (NRs) aplicam-se, no que couber, aos trabalhadores avulsos, às entidades ou empresas que lhes tomem o serviço e aos sindicados representativos das respectivas categorias profissionais (NR 1, item 1.1.1).

---

(65) MAGANO, Octavio Bueno, Primeiras Lições de Direito do Trabalho, 3. ed.; São Paulo: *Revista dos Tribunais*, 2003. p. 167-169.

As normas de segurança e saúde no trabalho, também conhecidas como Normas Regulamentadoras ou NRs, ingressam no ordenamento jurídico em decorrência de portarias editadas pelo Ministério do Trabalho e Emprego, no exercício da competência prevista no artigo 200 da Consolidação das Leis do Trabalho (CLT), o qual, por sua vez, foi recepcionado pela nova ordem constitucional, sobretudo diante do contido no artigo 7º, XXII, da Constituição de 1988.

Registre-se que a observância, em todos os locais de trabalho, do disposto no Capítulo V, do Título II, da CLT (artigo 154 e seguintes) não desobriga o empregador do cumprimento de outras disposições que, com relação à matéria, sejam incluídas em códigos de obras ou regulamentos sanitários dos Estados ou Municípios em que se situem os respectivos estabelecimentos, bem como daquelas oriundas de Convenções Coletivas de Trabalho.

Incumbe ao órgão de âmbito nacional, competente em matéria de segurança e medicina do trabalhou, ou seja, à Secretaria de Inspeção do Trabalho, na qual se insere o Departamento de Segurança e Saúde do Trabalho (artigo 155 da CLT) coordenar, orientar, controlar e supervisionar a fiscalização e as demais atividades relacionadas com a segurança e medicina do trabalho em todo o território nacional e conhecer, em última instância, dos recursos voluntários ou de ofício, das decisões proferidas pelos Superintendentes Regionais do Trabalho e Emprego em matéria de segurança e medicina do trabalho.

Compete especialmente às Superintendências Regionais do Trabalho e Emprego, nos limites de sua competência (artigo 156 da CLT) promover a fiscalização do cumprimento das normas de segurança e medicina do trabalho e impor as penalidades cabíveis por descumprimento das normas constantes do mencionado Capítulo V, nos termos do artigo 201 da CLT.

Cabe ao empregador (artigo 157 da CLT) cumprir e fazer cumprir as normas de segurança e medicina do trabalho, instruir os empregados, por meio de ordens de serviço, quanto às precauções a tomar no sentido de evitar acidentes do trabalho e/ou doenças ocupacionais, adotar as medidas que lhes sejam determinadas pelo órgão regional competente e facilitar o exercício da fiscalização pela autoridade competente.

Compete aos empregados (artigo 158 da CLT) observar as normas de segurança e medicina do trabalho, inclusive as mencionadas instruções expedidas pelo empregador, e colaborar com a empresa na aplicação dos dispositivos do Capítulo V, Título II, da CLT (artigo 154 e seguintes).

Constitui ato faltoso do empregado a recusa injustificada à observância das instruções expedidas pelo empregador sobre as precauções a tomar no sentido de evitar acidentes do trabalho e/ou doenças ocupacionais e ao uso dos equipamentos de proteção individual fornecidos pela empresa[66].

Mediante convênio autorizado pelo Ministro do Trabalho e Emprego, podem ser delegadas a outros órgãos federais, estaduais ou municipais atribuições de fiscalização ou orientação ao empregador quanto ao cumprimento das disposições constantes do mencionado Capítulo V, Título II, da CLT (artigo 159).

2.5.2 – Inspeção Prévia

O estabelecimento comercial não pode iniciar suas atividades sem prévia inspeção e aprovação das respectivas instalações pela autoridade regional competente em matéria de segurança e medicina do trabalho (artigo 160 da CLT).

O órgão regional do Ministério do Trabalho e Emprego, após realizar a inspeção prévia, deve emitir o Certificado de Aprovação de Instalações (CIA), nos termos da NR 2, item 2.2.

O empregador pode encaminhar ao órgão especial regional do Ministério do Trabalho e Emprego uma declaração das instalações do estabelecimento novo, que pode ser aceita pelo referido órgão, para fins de fiscalização, quando não for possível realizar a inspeção prévia antes de o estabelecimento iniciar suas atividades (NR 2, item 2.3).

Nova inspeção deve ser feita quando ocorrer modificação substancial nas instalações, inclusive equipamentos, que a empresa fica obrigada a comunicar, prontamente, à Superintendência Regional do Trabalho e Emprego. Faculta-se às empresas solicitar prévia aprovação, pela Superintendência Regional do Trabalho e Emprego, dos projetos de construção e respectivas instalações.

A inspeção prévia e a declaração de instalações constituem os elementos capazes de assegurar que o novo estabelecimento inicie suas atividades livre de riscos de acidentes e/ou doenças do trabalho. Desse modo, o estabelecimento que não atender a tais disposições, fica sujeito ao impedimento de seu funcionamento, conforme estabelece o artigo 160 da CLT, até que seja cumprida a exigência do referido dispositivo legal[67].

---

(66) BARROS, Alice Monteiro, *Curso de direito do trabalho*, 4. ed.; São Paulo: LTr, 2008. p. 895.
(67) GARCIA, Gustavo Filipe Barbosa, *Meio ambiente do trabalho*, 4. ed.; São Paulo: Método, 2014. p. 30.

2.5.3 – Embargos ou Interdição

A Superintendência Regional do Trabalho e Emprego, à vista do laudo técnico do serviço competente que demonstre grave e iminente risco para o trabalhador, poderá interditar o estabelecimento, setor de serviço, máquina ou equipamento, ou embargar a obra, indicando na decisão, tomada com a brevidade que a ocorrência exigir, as providências que deverão ser adotadas para prevenção de infortúnios de trabalho (artigo 161 da CLT).

Embargo e interdição são medidas de urgência, adotadas a partir da constatação de situação de trabalho que caracterize risco grave e iminente ao trabalhador (NR 3, item 3.1). Considera-se grave e iminente risco toda condição ou situação de trabalho que possa causar acidente e/ou doença relacionada ao trabalho com lesão grave à integridade física do obreiro.

A interdição implica a paralisação total ou parcial do estabelecimento, setor de serviço, máquina ou equipamento (NR 3, item 3.2). O embargo implica a paralisação total ou parcial da obra (NR 3, item 3.3). Considera-se obra todo e qualquer serviço de engenharia de construção, montagem, instalação, manutenção ou reforma (NR 3, item 3.3.1).

Durante a vigência da interdição ou do embargo podem ser desenvolvidas atividades necessárias à correção da situação de grave e iminente risco, desde que adotadas medidas de proteção adequadas aos trabalhadores envolvidos (NR 3, item 3.4). Durante a paralisação decorrente da imposição de interdição ou embargo, os empregados devem receber os salários como se estivessem em efetivo exercício (NR 3, item 3.5)[68].

A interdição ou o embargo podem ser requeridos pelo serviço competente da Superintendência Regional do Trabalho e Emprego, e, ainda, por agente da inspeção do trabalho ou por entidade sindical.

A inspeção prévia, a interdição e o embargo são mecanismos preventivos e inibitórios que tutelam todos os trabalhadores inseridos no ambiente de trabalho contra os riscos à vida e à integridade física, independentemente da natureza do vínculo mantido com o detentor dos meios de produção.

---

(68) GARCIA, Gustavo Filipe Barbosa, *Meio ambiente do trabalho*, cit., p. 32.

2.5.4 – Serviços Especializados em Engenharia de Segurança e em Medicina do Trabalho (SESMT)

As empresas privadas e públicas, os órgãos públicos da administração direta e indireta e dos Poderes Legislativo e Judiciário, que possuam empregados regidos pela Consolidação das Leis do Trabalho, devem manter, obrigatoriamente, Serviços Especializados em Engenharia de Segurança e Medicina do Trabalho (SESMT), com a finalidade de promover a saúde e proteger a integridade do trabalhador no local de trabalho (NR 4, item 4.1)[69].

O dimensionamento dos Serviços em Engenharia de Segurança e Medicina do Trabalho (SESMT) vincula-se ao grau de risco da atividade principal da empresa e o número total de trabalhadores, inclusive os empregados da empresa de prestação de serviço, do estabelecimento, constantes dos quadros I e II, anexos à NR 4, item 4.2.

Os Serviços Especializados em Engenharia e Segurança e em Medicina do Trabalho devem ser integrados por médico do trabalho, engenheiro de segurança do trabalho, técnico de segurança do trabalho, enfermeiro do trabalho e auxiliar de enfermagem do trabalho (NR 4, item 4.4), da seguinte forma:

Grau de Risco	Nº de empregados no estabelecimento	50 a 100	101 a 250	251 a 500	501 a 1.000	1.001 a 2.000	2.001 a 3.500	3.501 a 5.000	Acima de 5.000 para cada grupo de 4.000 ou fração acima de 2.000**
1	Técnicos								
	Técnico Seg. Trabalho	-	-	-	1	1	1	2	1
	Engenheiro Seg. Trabalho	-	-	-	-	-	1*	1	1*
	Aux. Enfermagem Trabalho	-	-	-	-	-	1	1	1
	Enfermeiro do Trabalho	-	-	-	-	-	-	1*	-
	Médico do Trabalho	-	-	-	-	1*	1*	1	1*

---

(69) MELO, Demis Roberto Correia de, *Manual de Meio Ambiente do Trabalho*, 1. ed.; São Paulo: LTr, 2010. p. 57.

2	Técnico Seg. Trabalho	-	-	-	1	1	2	5	1
	Engenheiro Seg. Trabalho	-	-	-	-	1*	1	1	1*
	Aux. Enfermagem Trabalho	-	-	-	-	1	1	1	1
	Enfermeiro do Trabalho	-	-	-	-	-	-	1	-
	Médico do Trabalho	-	-	-	-	1*	1	1	1
3	Técnico Seg. Trabalho	-	1	2	3	4	6	8	3
	Engenheiro Seg. Trabalho	-	-	-	1*	1	1	2	1
	Aux. Enfermagem Trabalho	-	-	-	-	1	2	1	1
	Enfermeiro do Trabalho	-	-	-	-	-	-	1	-
	Médico do Trabalho	-	-	-	1*	1	1	2	1
4	Técnico Seg. Trabalho	1	2	3	4	5	8	10	3
	Engenheiro Seg. Trabalho	-	1*	1*	1	1	2	3	1
	Aux. Enfermagem Trabalho	-	-	-	1	1	2	1	1
	Enfermeiro do Trabalho	-	-	-	-	-	-	1	-
	Médico do Trabalho	-	1*	1*	1	1	2	3	1

(*) - Tempo parcial (mínimo de três horas)
(**) - O dimensionamento total deverá ser feito levando-se em consideração o dimensionamento da faixa de 3.501 a 5.000 mais o dimensionamento do(s) grupo(s) de 4.000 ou fração de 2.000.

OBS.: Hospitais, Ambulatórios, Maternidades, Casas de Saúde e Repouso, Clínicas e estabelecimentos similares com mais de 500 (quinhentos) empregados deverão contratar um Enfermeiro do Trabalho em tempo integral.

Compete aos profissionais integrantes dos Serviços Especializados em Engenharia de Segurança e em Medicina do Trabalho (NR 4, item 4.12):

- aplicar os conhecimentos de engenharia de segurança e de medicina do trabalho ao ambiente de trabalho e a todos os seus componentes, inclusive máquinas e equipamentos, de modo a reduzir até eliminar os riscos ali existentes à saúde do trabalhador;

- determinar, quando esgotados todos os meios conhecidos para a eliminação do risco e este persistir, mesmo reduzido, a utilização pelo trabalhador de Equipamento de Proteção Individual (EPI), de acordo com o que determina a NR 6, desde que a concentração, a intensidade ou a característica do agente assim o exija;

- colaborar, quando solicitado, nos projetos e na implantação de novas instalações físicas e tecnológicas da empresa e responsabilizar-se, tecnicamente, pela orientação quanto ao cumprimento do disposto nas NRs aplicáveis às atividades executadas pela empresa e/ou seus estabelecimentos;

- manter permanente relacionamento com a CIPA, valendo-se o máximo de suas observações, além de apoiá-la, treiná-la e atendê-la, conforme dispõe a NR 5, e promover a realização de atividades de conscientização, educação e orientação aos trabalhadores, inclusive quanto aos empregados da empresa de prestação de serviço, para a prevenção de acidentes do trabalho e/ou doenças ocupacionais, tanto por meio de campanhas quanto de programas de duração permanente;

- esclarecer e conscientizar os empregadores sobre acidentes do trabalho e doenças ocupacionais, estimulando-os em favor da prevenção;

- analisar e registrar em documento específico todos os acidentes ocorridos na empresa ou estabelecimento, com ou sem vítima, e todos os casos de doença ocupacional, descrevendo a história e as características do acidente e/ou doença ocupacional, os fatores ambientais, as características do agente e as condições do indivíduo portador de doença ocupacional ou acidentado;

- registrar mensalmente os dados atualizados de acidentes de trabalho, doenças ocupacionais e agentes de insalubridade e encaminhar respectiva avaliação anual à Secretaria de Segurança e Medicina do Trabalho até o dia 31 de janeiro, devendo ser guardados por um período não inferior a 5 (cinco) anos;

- as atividades dos profissionais integrantes dos Serviços Especializados em Engenharia e em Medicina do Trabalho são essencialmente prevencionistas, embora não seja vedado o atendimento de emergência, quando se tornar necessário. Entretanto, a elaboração de planos de controle de efeitos de catástrofe, de disponibilidade de meios que visem ao combate a incêndios e ao salvamento e de imediata atenção à vítima deste ou de qualquer outro tipo de acidente estão incluídos em suas atividades.

Outro ponto de destaque é a centralização dos Serviços Especializados em Engenharia e em Medicina do Trabalho (SESMT). A NR 4, item 2.3, estabelece que a empresa pode constituir o SESMT centralizado para atender a um conjunto de estabelecimentos pertencentes a ela, desde que a distância a ser percorrida entre aquele em que se situa o serviço e cada um dos demais não ultrapasse a 5.000 m (cinco mil metros).

Atualmente, o Ministério do Trabalho e Emprego publicou a Portaria n. 17, de 02 de agosto de 2007, permitindo a terceirização do SESMT. Assim, é possível, por exemplo, o SESMT ser constituído pelo Sindicato Patronal e dos Trabalhadores, após sua previsão ter sido homologada em Negociação Coletiva do Trabalho.

O empregador e o tomador de serviços devem manter, obrigatoriamente, Serviços Especializados em Engenharia de Segurança e Medicina do Trabalho (SESMT), com a finalidade de promover a saúde e proteger a integridade de qualquer trabalhador no local de trabalho, inclusive dos empregados da empresa de prestação de serviços (NR 4, item 4.1).

É dever e tarefa primordial do empregador e do tomador de serviços manter um ambiente de trabalho que preserve a saúde e a integridade física e mental do trabalhador, evitando a ocorrência de doenças ocupacionais e/ou acidentes de trabalho.

2.5.5 – Comissão Interna de Prevenção de Acidentes (CIPA)

É obrigatória a constituição de Comissão Interna de Prevenção de Acidentes (CIPA), a partir de um número mínimo de 20 (vinte) empregados, de conformidade com instruções expedidas pelo Ministério do Trabalho e Emprego, nos estabelecimentos ou locais de obra nelas especificadas (artigo 163 da CLT).

A Comissão Interna de Prevenção de Acidentes (CIPA) tem como objetivo cuidar e zelar por adequadas e seguras condições nos ambientes de trabalho, observando e relatando condições de risco, solicitando ao empregador medidas para reduzi-los e eliminá-los, bem como prevenir a ocorrência de acidentes e doenças decorrentes do trabalho, de modo a tornar compatível permanentemente o trabalho com a preservação da vida e a promoção da saúde do trabalhador (NR 5, item 5.1). Cabe ao Ministério do Trabalho e Emprego regulamentar as atribuições, a composição e o funcionamento das CIPAs[70].

Devem constituir CIPA, por estabelecimento, e mantê-la em regular funcionamento as empresas privadas, públicas, sociedades de economia mista, órgãos da administração direta e indireta, instituições beneficentes, associações recreativas, cooperativas, bem como outras instituições que admitam trabalhadores como empregados (NR 5, item 5.2).

---

(70) FERNANDES, Fábio, *Meio ambiente geral e meio ambiente do trabalho*, cit., p. 91

O trabalhador perde o direito da garantia provisória de emprego quando o estabelecimento for fechado ou extinto. Da mesma forma acontece nos casos de fusão em que duas empresas se tornam uma, ocasião em que será realizada nova eleição para os membros da CIPA. Para os casos de cisão em que uma empresa se separa formando duas, podendo ter dois estabelecimentos diferentes, a CIPA anteriormente formada no estabelecimento que se manteve não será extinta e ficará inalterada até a próxima eleição; já o novo estabelecimento formará nova CIPA tomando como base seu número de empregados e seu grau de risco. Ainda, é vedada a transferência do cipeiro para outro estabelecimento sem a sua anuência.

As disposições contidas na Norma Regulamentadora n. 5 aplicam-se, no que couber, aos trabalhadores avulsos e às entidades que lhes tomem serviços, observadas as disposições estabelecidas em Normas Regulamentadoras de setores econômicos específicos (NR 5, item 5.3).

Cada CIPA deve ser composta de representantes da empresa e dos empregados. Os representantes dos empregadores, titulares e suplentes, devem ser por eles designados. Os representantes dos empregados, titulares e suplentes, devem ser eleitos em escrutínio secreto, do qual participem, independentemente de filiação sindical, exclusivamente os empregados interessados e gozam de garantia provisória de emprego. O mandato dos membros eleitos da CIPA tem a duração de 1 (um) ano, permitida uma reeleição (essa disposição não se aplica ao membro suplente que, durante o seu mandato, tenha participado de menos da metade do número de reuniões da CIPA)[71].

O empregador deve designar, anualmente, dentre os seus representantes, o Presidente da CIPA, e os empregados devem eleger, dentre eles, o Vice-Presidente. Os representantes dos empregados nas CIPAs não podem sofrer despedida arbitrária, entendendo-se como tal a que não se fundar em motivo disciplinar, técnico, econômico ou financeiro (artigo 165 da CLT).

De acordo com o artigo 10, inciso II, "a", do Ato das Disposições Constitucionais Transitórias, fica vedada a dispensa arbitrária ou sem justa causa do empregado eleito para cargo de direção de Comissões Internas de Prevenção de Acidentes, desde o registro de sua candidatura até um ano após o final do seu mandato[72]. Ocorrendo a despedida,

---

(71) BARROS, Alice Monteiro de, *Curso de direito do trabalho, cit.*, p. 981.
(72) Súmula 339 do C. TST: CIPA. Suplente. Garantia de emprego. II – A estabilidade provisória do cipeiro não constitui vantagem pessoal, mas garantia para as atividades dos membros da CIPA, que somente tem razão de ser quando em atividade a empresa. Extinto o estabelecimento, não se verifica a despedida arbitrária, sendo impossível a reintegração e indevida a indenização do período estabilitário.

cabe ao empregador, em caso de reclamação à Justiça do Trabalho, comprovar a existência de qualquer dos motivos mencionados neste artigo, sob pena de ser condenado a reintegrar o empregado.

A CIPA tem por atribuição (NR 5, item 5.16)[73]:

- identificar os riscos do processo de trabalho e elaborar o mapa de riscos, com a participação do maior número de trabalhadores, com assessoria do SESMT, onde houver;

- elaborar plano de trabalho que possibilite a ação preventiva na solução de problema de segurança e saúde no trabalho, inclusive com relação às atividades executadas pelos empregados de empresa de prestação de serviços;

- participar da implementação e do controle da qualidade das medidas de prevenção necessárias, bem como da avaliação das prioridades de ação nos locais de trabalho;

- realizar, periodicamente, verificações nos ambientes e condições de trabalho visando à identificação de situações que venham a trazer riscos para a segurança e saúde dos trabalhadores;

- realizar, a cada reunião, avaliação do cumprimento das metas fixadas em seu plano de trabalho e discutir as situações de risco que foram identificadas e divulgar aos trabalhadores informações relativas à segurança e saúde no trabalho;

- participar, com o SESMT, onde houver, das discussões promovidas pelo empregador e pelo tomador de serviços, para avaliar os impactos de alterações no ambiente e processo de trabalho relacionados à segurança e saúde dos trabalhadores;

- requerer ao SESMT, quando houver, ao empregador ou ao tomador de serviços, a paralisação de máquina ou setor onde considere haver risco grave e iminente à segurança e saúde de todos os trabalhadores inseridos no respectivo ambiente de trabalho;

- colaborar no desenvolvimento e implementação do PCMSO e PPRA e de outros programas relacionados à segurança e saúde no trabalho e divulgar e promover o cumprimento das Normas Regulamentadoras, bem como cláusulas de acordos e convenções coletivas de trabalho, relativas à segurança e saúde no trabalho;

- participar, em conjunto com o SESMT, onde houver, com o empregador ou com o tomador de serviços, da análise das causas das doenças e acidentes de trabalho e propor medidas de solução dos problemas identificados;

---

(73) GARCIA, Gustavo Filipe Barbosa, *Meio ambiente do trabalho*, cit., p. 36-37.

- requisitar ao empregador ou ao tomador de serviços e analisar as informações sobre questões que tenham interferido na segurança e saúde dos trabalhadores e requisitar à empresa as cópias das CATs emitidas;

- promover, anualmente, em conjunto com o SESMT, onde houver, a Semana Interna de Prevenção de Acidentes do Trabalho – SIPAT, bem como participar, anualmente, em conjunto com a empresa, de Campanhas de Prevenção da AIDS.

Cabe ao empregador proporcionar aos membros da CIPA os meios necessários ao desempenho de suas atribuições, garantindo tempo suficiente para a realização das tarefas constantes do plano de trabalho (NR 5, item 5.17).

A empresa deve promover treinamento para os membros da CIPA, titulares e suplentes, antes da posse (NR 5, item 5.32). O treinamento de CIPA, em primeiro mandato, deve ser realizado no prazo máximo de 30 dias, contados a partir da data da posse.

Nos termos do parágrafo único do artigo 165 da CLT, na dispensa do empregado membro da CIPA não se faz necessária a instauração de inquérito judicial para apuração da falta grave, mas, apenas, a comprovação, em caso de ajuizamento de reclamação trabalhista, da existência da justa causa.

Portanto, os trabalhadores têm direito a desenvolver suas atividades em ambiente equilibrado, saudável e seguro, competindo ao empregador e ao tomador de serviços disponibilizarem meios necessários para o regular funcionamento da CIPA.

2.5.6 – Programa de Prevenção de Riscos Ambientais (PPRA)

A Norma Regulamentadora n. 9 estabelece a obrigatoriedade da elaboração e implementação, por parte de todos os empregadores e instituições que admitam trabalhadores como empregados, do Programa de Prevenção de Riscos Ambientais (PPRA), visando à preservação da saúde e da integridade de todos os trabalhadores, inclusive dos empregados das empresas de prestação de serviços, por meio da antecipação, reconhecimento, avaliação e consequente controle da ocorrência de riscos ambientais existentes ou que venham a existir no ambiente de trabalho, tendo em consideração a proteção do meio ambiente e dos recursos naturais[74].

As ações do PPRA devem ser desenvolvidas no âmbito de cada estabelecimento da empresa, sob a responsabilidade do empregador ou tomador de serviços, com a participação dos trabalhadores, sendo

---

(74) MELO, Raimundo Simão, *Direito ambiental do trabalho e a saúde do trabalhador*, cit., p. 127.

sua abrangência e profundidade dependente das características dos riscos e das necessidades de controle (NR 9, item 9.1.2).

O PPRA é parte integrante do conjunto mais amplo das iniciativas da empresa no campo da preservação da saúde e da integridade dos trabalhadores, devendo estar articulado com o disposto nas demais NRs, em especial com o Programa de Controle Médico de Saúde Ocupacional (PCMSO) previsto na NR 7 (NR 9, item 9.1.3).

Consideram-se riscos ambientais ou agentes físicos, químicos e biológicos existentes nos ambientes de trabalho que, em função de sua natureza, concentração ou intensidade e tempo de exposição, são capazes de causar danos à saúde do trabalhador (NR 9, item 9.1.5).

Consideram-se agentes físicos as diversas formas de energia a que possam estar expostos os trabalhadores, tais como ruídos, vibrações, pressões anormais, temperaturas extremas, radiações ionizantes, bem como o infrassom e o ultrassom.

Consideram-se agentes químicos as substâncias, compostos ou produtos que possam penetrar no organismo pela via respiratória, nas formas de poeiras, fumos, névoas, neblinas, gases ou vapores, ou que, pela natureza da atividade de exposição, possam ter contato ou ser absorvidos pelo organismo por meio da pele ou por ingestão.

Consideram-se agentes biológicos as bactérias, fungos, bacilos, parasitas, protozoários, vírus, entre outros.

O Programa de Prevenção de Riscos Ambientais (PPRA) deve conter, no mínimo, a seguinte estrutura (NR 9, item 9.2.1)[75]:

- planejamento anual com estabelecimento de metas, prioridades e cronograma;

- estratégia e metodologia de ação;

- forma de registro, manutenção e divulgação de dados;

- periodicidade e forma de avaliação e desenvolvimento do PPRA.

O PPRA deve estar descrito em um documento-base contendo todos os aspectos estruturais constantes do item 9.2.1, acima destacados. O documento-base e suas alterações e complementações devem ser apresentados e discutidos na CIPA, quando existente na empresa, sendo sua cópia anexada ao livro de atas desta Comissão. O documento-base e suas alterações devem estar disponíveis de modo a proporcionar o imediato acesso às autoridades competentes.

---

(75) GARCIA, Gustavo Filipe Barbosa, *Meio ambiente do trabalho*, cit., p. 48.

O Programa de Prevenção de Riscos Ambientais (PPRA) deve incluir as etapas (NR 9, item 9.3.1) de antecipação e reconhecimento dos riscos, estabelecimento de prioridades e metas de avaliação e controle, avaliação dos riscos e da exposição dos trabalhadores, implantação de medidas de controle e avaliação de sua eficácia, monitoramento da exposição aos riscos e registro e divulgação de dados.

Com o PPRA, os empregadores e os tomadores de serviços devem iniciar ações preventivas de forma a minimizar a probabilidade de que as exposições a agentes ambientais ultrapassem os limites de exposição, sendo que as ações preventivas devem incluir o monitoramento periódico da exposição, a informação aos trabalhadores e o controle médico.

A elaboração, implementação, acompanhamento e avaliação do PPRA podem ser feitos pelo Serviço Especializado em Engenharia de Segurança e Medicina do Trabalho (SESMT) ou por pessoa ou equipe de pessoas que, a critério do empregador, sejam capazes de desenvolver o disposto na NR 9.

É de responsabilidade do empregador estabelecer, implementar e assegurar o cumprimento do PPRA, como atividade permanente da empresa ou instituição (NR 9, item 9.4.1).

É de responsabilidade dos trabalhadores (NR 9, item 9.4.2) colaborar e participar na implantação e execução do PPRA, seguir as orientações recebidas nos treinamentos oferecidos dentro do PPRA e informar ao seu superior hierárquico direto ocorrências que, a seu julgamento, possam implicar risco à saúde dos trabalhadores.

Os trabalhadores interessados têm o direito de apresentar propostas e receber informações e orientações a fim de assegurar a proteção aos riscos ambientais identificados na execução do PPRA (NR 9, item 9.5.1).

Os empregadores devem informar todos os trabalhadores, inclusive os empregados das empresas de prestação de serviços, de maneira apropriada e suficiente sobre os riscos ambientais que possam originar-se nos locais de trabalho e sobre os meios disponíveis para prevenir ou limitar tais riscos e para proteger-se deles (NR 9, item 9.5.2)[76].

Sempre que vários empregadores, inclusive prestadores e tomadores de serviços, realizem, simultaneamente, atividades no mesmolocal de trabalho, têm o dever de executar ações integradas para aplicar as medidas previstas no PPRA visando à proteção de todos os trabalhadores expostos aos riscos ambientais gerados (NR 9, item 9.6.1)[77].

---

(76) MELO, Demis Roberto Correia, *Manual do meio ambiente do trabalho*, cit., p. 69-72.
(77) FERNANDES, Fábio, *mMeio ambiente geral e meio ambiente do trabalho*, cit., p. 87.

O conhecimento e a percepção que os trabalhadores têm do processo do trabalho e dos riscos ambientais presentes, incluindo os dados consignados no Mapa de Riscos, previsto na Norma Regulamentadora n. 5, devem ser considerados para fins de planejamento e execução do PPRA em todas as suas fases (NR 9, item 9.6.2).

O empregador deve garantir que, na ocorrência de riscos ambientais nos locais de trabalho, que coloquem em situação de grave e iminente risco um ou mais trabalhadores, inclusive empregados das empresas prestadoras de serviços, estes possam interromper de imediato suas atividades, comunicando o fato ao superior hierárquico direto para as devidas providências (NR 9, item 9.6.3).

Em todas as atividades onde haja vínculo empregatício há a obrigação de implementação do programa, sejam indústrias, fornecedores de serviços, hotéis, condomínios, escolas, hospitais, clubes, entre outros. O não cumprimento das exigências implicará em penalidades que variam de multas até interdições.

A prevenção da infortunística laboral, o respeito e cuidado com a saúde e integridade física e mental de todos os trabalhadores, inclusive com os empregados das empresas de prestação de serviços, é uma das formas de conferir efetividade do direito fundamental ao meio ambiente de trabalho seguro e adequado.

2.5.7 – Equipamentos de Proteção Individual (EPI) e Coletivo (EPC)

O empregador, responsável pelo local de trabalho, é obrigado a fornecer aos trabalhadores, inclusive aos empregados das empresas de prestação de serviços, gratuitamente, equipamento de proteção individual adequado ao risco e em perfeito estado de conservação e funcionamento, sempre que as medidas de ordem geral não ofereçam completa proteção contra os riscos de acidentes e danos à saúde dos empregados (artigo 166 da CLT)[78].

O equipamento de proteção só pode ser posto à venda ou utilizado com a indicação do Certificado de Aprovação do Ministério do Trabalho e Emprego (artigo 167 da CLT). Considera-se Equipamento de Proteção Individual (EPI) todo dispositivo ou produto de uso individual utilizado pelo trabalhador, destinado à proteção de riscos suscetíveis de ameaçar a segurança e a saúde no trabalho (NR 6).

Compete ao empregador (NR 6, item 6.6.1) adquirir o EPI adequado ao risco de cada atividade, exigir o respectivo uso, fornecer

---

(78) MELO, Raimundo Simão, *Direito ambiental do trabalho e a saúde do trabalhador*, cit., p. 129.

ao trabalhador somente o EPI aprovado pelo órgão nacional competente em matéria de segurança e saúde no trabalho, orientar e treinar o trabalhador sobre o uso adequado, guarda e conservação, substituir imediatamente, quando danificado ou extraviado, responsabilizar-se pela higienização e manutenção periódica e comunicar ao Ministério do Trabalho e Emprego qualquer irregularidade observada.

Cabe ao empregado (NR 6, item 6.7.1) usar e utilizar o EPI apenas para a finalidade a que se destina, responsabilizar-se pela guarda e conservação, comunicar ao empregador ou ao responsável pelo local de trabalho qualquer alteração que o torne impróprio para o uso e cumprir as determinações do empregador sobre o uso adequado.

Cabe ao órgão nacional competente em matéria de segurança e saúde no trabalho (NR 6, item 6.11.1) cadastrar o fabricante ou importador de EPI, receber e examinar a documentação para emitir, renovar ou cancelar o Certificado de Aprovação do Ministério do Trabalho (CA) de EPI, fiscalizar a qualidade do EPI e suspender o cadastramento da empresa fabricante ou importadora.

Equipamentos de Proteção Coletivo (EPC) são equipamentos utilizados para proteção de segurança enquanto um grupo de pessoas realizam determinada tarefa ou atividade. São dispositivos utilizados para a proteção de trabalhadores durante a realização de suas atividades. O EPC serve para neutralizar a ação dos agentes ambientais, evitando acidentes, protegendo contra danos à saúde e a integridade física dos trabalhadores, uma vez que o ambiente de trabalho não deve oferecer riscos à saúde ou à segurança do trabalhador.

O Equipamento de Proteção Coletivo (EPC) deve ser usado prioritariamente ao uso do Equipamento de Proteção Individual (EPI), por exemplo: um equipamento de enclausuramento acústico deve ser a primeira alternativa a ser indicada em uma situação onde houver risco físico de ruído, por proteger um coletivo. E somente quando esta condição não for possível, deve ser pensado o uso de protetores auditivos como Equipamentos de Proteção Individuais (EPI) para proteção dos trabalhadores, pois são de uso apenas individual.

Como exemplos de EPC podem ser citados: Enclausuramento acústico de fontes de ruído; Exaustores para gases, névoas e vapores contaminantes; Ventilação dos locais de trabalho; Proteção de partes móveis de máquinas; Sensores em máquinas; Barreiras de proteção em máquinas e em situações de risco; Corrimão e guarda-corpos; Fitas sinalizadoras e antiderrapantes em degraus de escada; Piso Antiderrapante; Barreiras de proteção contra luminosidade e Radiação (Solda); Cabines para pintura; Redes de Proteção (nylon); Isolamento de áreas de risco; Sinalizadores de segurança (como placas e cartazes de advertência, ou fitas zebradas); Lava-olhos; Detectores de Tensão; Chuveiros de segurança; Chuveiro Lava Olhos; Primeiros socorros Kit de primeiros socorros.

Em contraste, máscaras de segurança e cintos de segurança são Equipamentos de Proteção Individual. Apenas uma pessoa pode usar por vez os referidos EPI, assim, protegendo apenas um colaborador.

Portanto, deve-se buscar a conscientização de empregadores, tomadores de serviços e trabalhadores para a importância da prevenção da infortunística laboral, obrigatoriedade e fiscalização do fornecimento e uso dos equipamentos de proteção individual (EPI) e coletivo (EPC), com o escopo de assegurar o meio ambiente de trabalho seguro e adequado.

2.5.8 - Programa de Controle Médico de Saúde Ocupacional (PCMSO)

É obrigatório o exame médico, por conta do empregador, nas condições estabelecidas no artigo 168 da CLT e nas instruções complementares expedidas pelo Ministério do Trabalho e Emprego, na admissão, na demissão e periodicamente.

Outros exames complementares podem ser exigidos, a critério médico, para apuração da capacidade ou aptidão física e mental do empregado para a função que deva exercer. O Ministério do Trabalho e Emprego estabelece, de acordo com o risco da atividade e o tempo de exposição, a periodicidade dos exames médicos. O resultado dos exames médicos, inclusive o exame complementar, deve ser comunicado ao trabalhador, observados os preceitos da ética médica.

É obrigatória a notificação das doenças profissionais e das produzidas em virtude de condições especiais de trabalho, inclusive das atividades laborativas exercidas perante o tomador de serviços, comprovadas ou objeto de suspeita, de conformidade com as instruções expedidas pelo Ministério do Trabalho e Emprego (artigo 169 da CLT)[79].

A Norma Regulamentadora n. 7 estabelece a obrigatoriedade de elaboração e implementação, por parte de todos os empregadores e empresas prestadoras de serviços, do Programa de Controle Médico de Saúde Operacional (PCMSO), com o objetivo de promoção e preservação da saúde do conjunto dos seus trabalhadores em seu ambiente laborativo atinente às doenças ocupacionais[80].

---

(79) GARCIA, Gustavo Filipe Barbosa, *Meio ambiente do trabalho, cit.*, p. 42.
(80) MELO, Demis Roberto Correia, *Manual do meio ambiente do trabalho, cit.*, p. 77.

Cabe à empresa contratante, tomadora de serviços, informar à empresa contratada, prestadora de serviços, dos riscos existentes e auxiliar na elaboração e implementação do PCMSO nos locais de trabalho onde os serviços estão sendo prestados (NR 7, item 7.1.3)[81].

O PCMSO é parte integrante do conjunto mais amplo de iniciativas da empresa no campo da saúde dos trabalhadores, devendo estar articulado com o disposto nas demais NRs (NR 7, item 7.2.1). O PCMSO deve considerar as questões incidentes sobre o indivíduo e a coletividade de trabalhadores, privilegiando o instrumental clínico-epidemiológico na abordagem da relação entre sua saúde e o trabalho (NR 7, item 7.2.2).

O PCMSO deve ter caráter de prevenção, rastreamento e diagnóstico precoce dos agravos à saúde relacionados ao trabalho, inclusive de natureza subclínica, além da constatação da existência de casos de doenças profissionais ou danos irreversíveis à saúde dos trabalhadores (NR 7, item 7.2.3). O PCMSO deve ser planejado e implantado com base nos riscos à saúde dos trabalhadores, especialmente os identificados nas avaliações previstas nas demais NRs (NR 7, item 7.2.4).

Compete ao empregador (NR 7, item 7.3.1) garantir a elaboração e efetiva implementação do PCMSO e zelar pela sua eficácia, custear sem ônus para o empregado todos os procedimentos relacionados ao PCMSO, indicar, dentre os médicos dos Serviços Especializados em Engenharia e Segurança e Medicina do Trabalho (SESMT), um coordenador responsável pela execução do PCMSO; no caso de a empresa estar desobrigada de manter médico do trabalho, de acordo com a NR 4, deve o empregador indicar médico do trabalho, empregado ou não da empresa, para coordenar o PCMSO; e inexistindo médico do trabalho na localidade, o empregador pode contratar médico de outra especialidade para coordenar o PCMSO.

O PCMSO deve incluir, entre outros, a realização obrigatória dos exames médicos (NR 7, item 7.4.1) admissional, periódico, de retorno ao trabalho, de mudança de função e demissional.

Para cada exame médico realizado previsto no item 7.4.1 da NR n. 7, conforme acima mencionado, o médico deve emitir o Atestado de Saúde Ocupacional (ASO), em 2 (duas) vias (NR 7, item 7.4.4). A primeira via do ASO deve ficar arquivada no local de trabalho do trabalhador, inclusive frente de trabalho ou canteiro de obras, à disposição da fiscalização do trabalho. A segunda via do ASO deve ser, obrigatoriamente, entregue ao trabalhador, mediante recibo na primeira via.

---

(81) MELO, Raimundo Simão, *Direito ambiental do trabalho e a saúde do trabalhador*, cit., p. 128.

Os dados obtidos nos exames médicos, incluindo avaliação clínica e exames complementares, as conclusões e as medidas aplicadas, devem ser registrados em prontuário clínico individual, que deve ficar sob a responsabilidade do médico-coordenador do PCMSO (NR 7, item 7.4.5). Os registros em questão devem ser mantidos por período mínimo de 20 (vinte) anos após o desligamento do trabalhador. Havendo substituição do médico a que se refere o item 7.4.5 da NR 7, os arquivos deverão ser transferidos para o seu sucessor.

Todo estabelecimento deve estar equipado com material necessário à prestação dos primeiros socorros, bem como proceder à realização de exames médicos com a periodicidade que a atividade exigir, considerando-se as características da atividade desenvolvida, para atender todos os trabalhadores, inclusive os empregados das empresas de prestação de serviço. O empregador deve manter esse material guardado em local adequado e aos cuidados de pessoa treinada para esse fim (NR 7, item 7.5.1).

2.5.9 – Edificações. Iluminação. Instalações Elétricas. Máquinas e Equipamentos. Prevenção da Fadiga. Proteção contra Incêndios.

As edificações devem obedecer aos requisitos técnicos que garantem a perfeita segurança aos que nelas trabalhem (artigo 170 da CLT). A Norma Regulamentadora n. 8 estabelece requisitos técnicos mínimos que devem ser observados nas edificações, para garantir a segurança dos respectivos trabalhadores.

Os locais de trabalho devem ter, no mínimo, 3 (três) metros de pé-direito, assim considerada a altura livre do piso ao teto (artigo 171 da CLT). De acordo com o parágrafo único do artigo 171 da CLT, pode ser reduzido esse mínimo, desde que atendidas as condições de iluminação e conforto térmico compatíveis com a natureza do trabalho, sujeitando-se tal redução ao controle do órgão competente em matéria de segurança e medicina do trabalho.

Os pisos dos locais de trabalho não devem apresentar saliências nem depressões que prejudiquem a circulação de pessoas ou a movimentação de materiais (artigo 172 da CLT). As aberturas nos pisos e paredes devem ser protegidas de forma que impeçam a queda de pessoas ou de objetos (artigo 173 da CLT). Nos pisos, escadas, rampas, corredores e passagens dos locais de trabalho, onde houver perigo de escorregamento, devem ser colocados materiais ou processos antiderrapantes (NR 8, item 8.3.5).

As partes externas, bem como todas as que separem unidades autônomas de uma edificação, ainda que não acompanhem sua estrutura, devem, obrigatoriamente, observar as normas técnicas oficiais relativas à resistência ao fogo, isolamento térmico, isolamento e condicionamento acústico, resistência estrutural e impermeabilidade (NR 8, item 8.4.1).

As coberturas dos locais de trabalho devem assegurar proteção contra chuva (NR 8, item 8.4.3). As edificações dos locais de trabalho devem ser projetadas e construídas de modo a evitar insolação excessiva ou falta de insolação (NR 8, item 8.4.4).

Em todos os locais de trabalho deve haver iluminação adequada, natural ou artificial, apropriada à natureza da atividade (artigo 175 da CLT). A iluminação deve ser uniformemente distribuída, geral e difusa, a fim de evitar ofuscamento, reflexos, incômodos, sombras e contrastes excessivos. Cabe ao Ministério Público do Trabalho e Emprego estabelecer os níveis mínimos de iluminação a serem observados (NR 17, item 17.5.3).

Cabe ao Ministério Público do Trabalho e Emprego dispor sobre as condições de segurança e as medidas especiais a serem observadas relativamente a instalações elétricas, em qualquer das fases de produção, transmissão, distribuição ou consumo de energia (artigo 179 da CLT). Somente profissional qualificado pode instalar, operar, inspecionar ou reparar instalações elétricas (artigo 180 da CLT).

A Norma Regulamentadora n. 10 estabelece os requisitos e condições mínimas, objetivando a implementação de medidas de controle e sistemas preventivos, de forma a garantir a segurança e a saúde dos trabalhadores que, direta ou indiretamente, interajam em instalações elétricas e serviços com eletricidade.

Em todas as intervenções em instalações elétricas devem ser adotadas medidas preventivas de controle do risco elétrico e de outros riscos adicionais, mediante técnicas de análise de risco, de forma a garantir a segurança e a saúde no trabalho (NR 10, item 10.2.1).

Os trabalhadores devem interromper suas tarefas exercendo o direito de recusa, sempre que constatarem evidências de riscos graves e iminentes para sua segurança e saúde ou a de outras pessoas, comunicando imediatamente o fato a seu superior hierárquico, que diligenciará as medidas cabíveis (NR 10, item 10.14.1). As empresas devem promover ações de controle de riscos originados por outrem em suas instalações elétricas e oferecer, de imediato, quando cabível, denúncia aos órgãos competentes (NR 10, item 10.14.2) e o Ministério do Trabalho e Emprego deve adotar as providências necessárias.

As máquinas e os equipamentos devem ser dotados de dispositivos de partida e parada e outros que se fizerem necessários para a prevenção de acidentes do trabalho, especialmente quanto ao risco de acionamento acidental (artigo 184 da CLT).

Os reparos, limpeza e ajustes somente poderão ser executados com as máquinas paradas, salvo se o movimento for indispensável à realização do ajuste (artigo 185 da CLT).

Cabe ao Ministério do Trabalho e Emprego estabelecer normas adicionais sobre proteção e medidas de segurança na operação de máquinas e equipamentos, especialmente quanto à proteção das partes móveis, distância entre estas, vias de acesso às máquinas e equipamentos de grandes dimensões, emprego de ferramentas, sua adequação e medidas de proteção exigidas quando motorizadas ou elétricas (artigo 186 da CLT e NR 12).

É de 60 kg (sessenta quilogramas) o peso máximo que um empregado pode remover individualmente, ressalvadas as disposições especiais relativas ao trabalho do menor e da mulher (artigo 198 da CLT). Não está compreendida nessa proibição a remoção de material feita por impulsão ou tração de vagonetes sobre trilhos, carros de mão ou quaisquer outros aparelhos mecânicos, podendo o Ministério do Trabalho e Emprego, em tais casos, fixar limites diversos, que evitem sejam exigidos do empregado serviços superiores às suas forças.

É vedado colocar a mulher em serviço que demande o emprego de força muscular superior a 20 (vinte) quilos para o trabalho contínuo, ou 25 (vinte e cinco) quilos para o trabalho ocasional (artigo 390 da CLT). Não está compreendida nessa determinação a remoção de material feita por impulsão ou tração de vagonetes sobre trilhos, de carro de mão ou quaisquer aparelhos mecânicos.

Aplica-se ao menor essa mesma disposição do artigo 390 da CLT e seu parágrafo único da CLT (artigo 405, § 5º, da CLT).

É obrigatória a colocação de assentos que assegurem postura correta ao trabalhador, capazes de evitar posições incômodas ou forçadas, sempre que a execução da tarefa exija que trabalhe sentado (artigo 199 da CLT). Quando o trabalho deva ser executado de pé, os empregados devem ter à sua disposição assentos para serem utilizados nas pausas que o serviço permitir.

As condições de trabalho incluem aspectos relacionados ao levantamento, transporte e descarga de materiais, ao mobiliário, aos equipamentos e às condições ambientais do posto de trabalho e à própria organização do trabalho (NR 17, item 17.1.1).

Atendendo à determinação do artigo 200, inciso IV, da CLT, a Norma Regulamentadora n. 23 estabelece regras de proteção contra incêndios. Todos os empregadores devem adotar medidas de prevenção de incêndios, em conformidade com a legislação estadual e as normas técnicas aplicáveis.

O empregador deve providenciar para todos os trabalhadores, inclusive para os empregados das empresas de prestação de serviços, informações sobre utilização dos equipamentos de combate ao incêndio, procedimentos para evacuação dos locais de trabalho com segurança e dispositivos de alarmes existentes (NR 23, item 23.1.1).

Os locais de trabalho deverão dispor de saídas, em número suficiente e dispostas de modo que aqueles que se encontrem nesses locais possam abandoná-los com rapidez e segurança, em caso de emergência (NR 23, item 23.2). As aberturas, saídas e vias de passagem devem ser claramente assinaladas por meio de placas ou sinais luminosos, indicando a direção da saída.

Nenhuma saída de emergência deverá ser fechada à chave ou presa durante a jornada de trabalho (NR 23, item 23.4). As saídas de emergência podem ser equipadas com dispositivos de travamento que permitam fácil abertura do interior do estabelecimento (NR 23, item 23.5).

Os trabalhadores têm o direito a desenvolver suas atividades em ambiente equilibrado, saudável e seguro, competindo ao empregador e ao tomador de serviços disponibilizarem meios seguros e adequados para o cumprimento de suas tarefas, uma vez que a tutela do meio ambiente do trabalho não se limita à relação empregatícia, estendendo-se a todo e qualquer tipo de trabalhador, independentemente da relação jurídica existente, com o escopo de evitar a ocorrência de doenças ocupacionais e/ou acidentes de trabalho, infortúnios que provocam gravíssimas repercussões tanto na esfera empresarial quanto nos âmbitos jurídico e social[82].

2.5.10 - Perfil Profissiográfico Previdenciário (PPP)

O Perfil Profissiográfico Previdenciário (PPP) é um documento histórico-laboral pessoal do trabalhador, com propósitos previdenciários para obtenção de informações relativas à fiscalização do gerenciamento de riscos e existência de agentes nocivos no ambiente de trabalho.

É sabido que o objetivo de tal documento tem natureza tributária, pois pretende auditar se a empresa deve ou não pagar contribuição

---

(82) GARCIA, Gustavo Filipe Barbosa, *Meio ambiente do trabalho*, cit., p. 46-56.

previdenciária, haja vista que a empresa que tiver trabalhador sujeito a condições especiais que prejudiquem a saúde ou a integridade física, além da contribuição de que trata o inciso II do artigo 22 da Lei n. 8.212/91 (antigo SAT = 1%, 2% ou 3%), está sujeita ao pagamento da contribuição adicional, prevista no § 6º do artigo 57 da Lei n. 8.213/91.

Com efeito, estabelece a Lei n. 8.213/91 (artigo 57, § 6º) que o benefício da aposentadoria especial será financiado com os recursos provenientes da contribuição de que trata o inciso II do artigo 22 da Lei n. 8.212/91, cujas alíquotas serão acrescidas de doze, nove ou seis percentuais, conforme a atividade exercida pelo segurado a serviço da empresa para permitir a concessão de aposentadoria especial, respectivamente, após quinze, vinte e cinco anos de contribuição.

A relação dos agentes nocivos químicos, físicos e biológicos ou associação de agentes prejudiciais à saúde ou à integridade física considerados para fins de concessão da aposentadoria especial será definida pelo Poder Executivo, nos termos do artigo 58 da Lei n. 8.213/91, sendo que a comprovação da efetiva exposição do segurado aos agentes nocivos será feita mediante formulário, na forma estabelecida pela Previdência Social, emitido pela empresa ou seu preposto, com base em laudo técnico de condições de trabalho expedido por médico do trabalho ou engenheiro de segurança do trabalho, devendo constar do laudo técnico informações sobre a existência de tecnologia de proteção coletiva ou individual que diminua a intensidade do agente agressivo a limite de tolerância e recomendação sobre sua adoção pelo respectivo estabelecimento.

No Perfil Profissiográfico Profissional (PPP), a empresa deverá informar os exames médicos clínicos e complementares dos empregados constantes do prontuário clínico individual, por meio de informações fornecidas pelo médico e engenheiro de segurança do trabalho da empresa, respeitando a intimidade ou vida privada dos empregados.

O Perfil Profissiográfico Profissional (PPP) deve ser mantido no estabelecimento no qual o trabalhador estiver laborando, seja este referente à empresa empregadora ou à tomadora de serviços, embora a obrigação de sua elaboração seja da empresa empregadora[83].

O Perfil Profissiográfico Profissional (PPP) deve ser elaborado e mantido atualizado, contendo todas as alterações ocorridas nas atividades desenvolvidas pelo empregado, seja no ambiente de trabalho do empregador ou tomador de serviço, quando tiver havido mudanças

---

(83) MELO, Raimundo Simão, *Direito ambiental do trabalho e a saúde do trabalhador*, cit., p. 131-136.

das condições ambientais que alterem medições de intensidade ou qualidade de algum agente nocivo e será entregue ao trabalhador por ocasião da rescisão contratual ou do desligamento da atividade.

Com a segurança, saúde e qualidade de vida do trabalhador, diretamente ligadas à responsabilidade social da empresa, é preciso avaliar os investimentos em prevenção, com a formação e treinamento de trabalhadores e profissionais da área. Atualmente, tornar as condições do local salutares, mais que uma exigência legal, reverte-se em genuíno retorno financeiro, por meio da redução de uma série de custos.

2.5.11 – Nexo Técnico Epidemiológico (NTEP)

É certo que muitas doenças do trabalho não são facilmente relacionadas com as atividades laborativas, deixando os peritos médicos, muitas vezes, de estabelecer o nexo causal para reconhecimento da respectiva patologia e reparação dos danos decorrentes como doença ocupacional.

Para facilitar o reconhecimento do vínculo com o trabalho, foi criado o chamado Nexo Técnico Epidemiológico (NTEP), com a edição do artigo 21 – A, da Lei n. 8.213/91. O Nexo Técnico Epidemiológico (NTEP) é uma metodologia que tem o objetivo de identificar quais doenças e acidentes estão relacionados com a prática de uma determinada atividade profissional, levando-se em conta o índice de acidentalidade a ela inerente.

Com o Nexo Técnico Epidemiológico (NTEP), quando o trabalhador adquire uma enfermidade relacionada com a atividade profissional desenvolvida, seja no empregador ou tomador de serviços, fica qualificado o acidente de trabalho para efeitos previdenciários. Nos casos em que houver relação estatística entre a doença ou lesão e o setor de atividade econômica do trabalhador, o nexo epidemiológico determinará automaticamente que se trata de uma doença ocupacional, equiparada para todos os efeitos legais ao acidente de trabalho[84].

Com a adoção dessa metodologia e o reconhecimento do nexo causal da doença com o trabalho, inverte-se para o empregador o dever/ônus de provar que a doença não foi causada pela atividade desenvolvida pelo trabalhador.

---

(84) DALLEGRAVE NETO, José Affonso, Nexo Epidemiológico e seus Efeitos sobre a Ação Trabalhista Indenizatória, 76. ed.; Belo Horizonte: *Revista TRT 3ª Região*, 2007. p. 145.

Como justificativa da Previdência Social para a implantação do Nexo Técnico Epidemiológico (NTEP), encontra-se a geração de dados mais precisos sobre acidentes de trabalho e/ou doenças ocupacionais no Brasil, superando as dificuldades advindas da subdeclaração ou a não declaração da CAT (Comunicação de Acidente de Trabalho), além de permitir, também, a criação de instrumentos que permitam melhorar a gestão da área de benefícios por incapacidade e uma melhor formulação de políticas próprias da Previdência Social.

O conceito legal de acidente de trabalho, previsto no artigo 19 da Lei n. 8.213/1991, aplica-se não apenas para fins previdenciários, mas também para efeitos trabalhistas.

2.5.12 – Do Direito de Regresso da Previdência Social (INSS)

A função promocional do direito na ação regressiva previdenciária, nos casos decorrentes de acidente de trabalho por descumprimento das normas de segurança e higiene do trabalho, evidencia-se pela promoção e pelo estímulo na realização de condutas favoráveis ao ambiente laboral por empregados, empregadores e tomadores de serviços, na tutela irrestrita da vida, da saúde e da segurança no trabalho.

O artigo 120 da Lei n. 8.213/91 dispõe que, em caso de acidente de trabalho causado por negligência do responsável pelo cumprimento das normas de segurança e saúde no trabalho indicadas para a proteção individual e coletiva dos segurados, a Previdência Social (INSS) ajuizará ação contra este, não se eximindo o empregador e/ou tomador de serviços de sua responsabilidade civil pelo fato de ter a Previdência Social (INSS) pago prestações decorrentes da incapacidade gerada pelo acidente de trabalho.

Neste sentido, percebe-se que a responsabilidade da Previdência Social (INSS) é objetiva perante os seus beneficiários (segurados e dependentes), consoante a teoria do risco integral. Entretanto, no que se refere ao ofensor, nos casos de negligência, o sistema legal vigente adota a responsabilidade subjetiva deste, haja vista que a conduta omissiva ou negligente do infrator é um dos clássicos componentes da culpa (omissão, negligência ou imperícia), configurando-se, portanto, absolutamente compatível com o artigo 7º, incisos XXII e XXVIII, da Constituição Federal.

Com isso, detecta-se que a ação regressiva de legitimidade da Previdência Social possui dois objetivos principais: o indenizatório, pleiteando-se o ressarcimento aos cofres públicos dos valores pagos a título de benefícios ou serviços aos segurados acidentados e/ou aos seus dependentes; e o pedagógico, pugnando-se pela conscientização das empresas no cumprimento das normas de segurança e higiene do trabalho, com o fito de se evitar futuras tragédias no ambiente laboral[85].

Como se depreende, no momento em que o Estado da Seguridade Social intervém junto às empresas descumpridoras das normas de segurança e higiene do trabalho procurando reaver valores despendidos com os benefícios decorrentes de acidente de trabalho, o Poder Público age, judicialmente, por intermédio da ação regressiva, no sentido de preservação atuarial do regime para com o efetivo cumprimento do seguro social dos demais segurados da Previdência Social (INSS), a fim de assegurar os direitos da seguridade social no presente e para as futuras gerações.

O foro competente para a propositura da ação regressiva pela Previdência Social (INSS), por intermédio da Procuradoria Federal Especializada do INSS, órgão vinculado da Advocacia Geral da União, é a Justiça Federal[86].

Os trabalhadores têm direito a desenvolver suas atividades em ambiente equilibrado, saudável e seguro, competindo ao empregador e ao tomador de serviços disponibilizarem meios seguros e adequados para o cumprimento de suas tarefas. Falhando em tal propósito a Previdência Social (INSS) ajuizará ação em face do infrator, não se eximindo o empregador e/ou tomador de serviços de sua responsabilidade civil pelo fato de ter a Previdência Social (INSS) pago prestações decorrentes da incapacidade gerada pelo acidente de trabalho.

2.5.13 – Do Seguro Contra Acidente do Trabalho (SAT) e do Fator Acidentário de Prevenção (FAP)

Na ocorrência de acidentes de trabalho no ambiente laboral ou de doenças chamadas ocupacionais (doenças equiparadas a acidente de trabalho), tem o segurado acidentado, e seus dependentes no caso de sua morte, direito às prestações e aos serviços previstos na legislação previdenciária vigente.

A Constituição Federal de 1988 previu expressamente o Seguro contra Acidente do Trabalho (SAT), elencando o seguro entre os direitos fundamentais dos trabalhadores que visem à melhoria de sua condição

---
(85) MELO, Raimundo Simão, *Direito ambiental do trabalho e a saúde do trabalhador*, cit., p. 206.
(86) A AGU chegou à milésima ação regressiva acidentária e está executando cerca de R$ 80 milhões de reais – <http://procuradoresdacidadania.blogspot.com>. Acesso em 01.jun.2015.

social, obrigação a cargo do empregador. Posteriormente, atendendo ao comando constitucional, e com a edição da Lei n. 8.212/91 (Lei de Custeio da Seguridade Social), previu-se expressamente o aludido seguro dentre as contribuições de responsabilidade da empresa.

Desta forma, constrói-se a definição do Seguro contra Acidente do Trabalho (SAT), como sendo uma espécie de seguro obrigatório, previsto constitucionalmente e instituído por lei, determinando uma contribuição adicional a cargo exclusivo do empregador contribuinte, com destinação assecuratória aos eventos resultantes de acidente de trabalho, além do custeio das aposentadorias especiais, difundindo, ainda, a concretização do direito fundamental ao meio ambiente do trabalho adequado e seguro.

Atualmente, a Lei n. 10.666/2003 possibilitou a redução, em até 50 % (cinquenta por cento), ou aumento, em até 100% (cem por cento), das alíquotas previstas no artigo 22, II, da Lei n. 8.212/91 (SAT = 1%, 2% ou 3%). As novas alíquotas do Seguro contra Acidente do Trabalho (SAT) poderão variar de 0,5 % (meio por cento) a 6% (seis por cento), conforme o caso, em razão do desempenho da empresa em relação à respectiva atividade econômica, apurado em conformidade com os resultados obtidos a partir dos índices de frequência, gravidade e custo, calculado segundo metodologia aprovada pelo Conselho Nacional de Previdência Social.

No que se refere à instituição do Fator Acidentário de Prevenção (FAP) na legislação previdenciária brasileira[87], verifica-se, inequivocamente, que as empresas que investirem em prevenção dos acidentes de trabalho serão beneficiadas mediante redução de carga tributária, sendo, no caso específico, redução de alíquotas do Seguro contra Acidente do Trabalho (SAT), conforme critérios objetivamente estabelecidos pela legislação previdenciária pertinente.

Desta feita, forma-se uma cadeia positiva do seguro social: as empresas pagarão menos tributos; resultado disso, investirão mais recursos em prevenção de acidente de trabalho; consequentemente, menos segurados sofrerão acidentes de trabalho e, portanto, menos beneficiários da Previdência Social irão pleitear benefícios previdenciários junto ao INSS, o que acarretará diminuição dos gastos previdenciários, além da concretização dos direitos fundamentais sociais e trabalhistas[88].

Sendo assim, o Fator Acidentário de Prevenção (FAP) consiste num multiplicador variável num intervalo contínuo de cinquenta centésimos (0,50) a dois inteiros (2,00), a ser aplicado à respectiva

---

(87) Instituído pelo Decreto n. 6.042 de 2007.
(88) LIRA, Ronaldo José, *Revista Codemat* – Meio Ambiente do Trabalho Aplicado, 1. ed.; São Paulo: LTr, 2013. p. 16.

alíquota do Seguro contra Acidente do Trabalho (SAT), redundando, portanto, numa variação de alíquota de 0,5% (meio por cento) a 6% (seis por cento), conforme as alíneas do inciso II, do artigo 22 da Lei n. 8.212/91.

Sendo assim, a empresa poderá pagar menos ou mais tributo, qual seja a contribuição para o Seguro de Acidente de Trabalho (SAT), de acordo com os índices de frequência, gravidade e custo, nos aspectos relativos aos acidentes de trabalho ocorridos no meio ambiente laboral e nos investimentos efetuados em prevenção acidentária, na forma da legislação pertinente.

Sendo assim, a instituição do Fator Acidentário de Prevenção (FAP) configura como importante política pública previdenciária com o escopo de incentivar iniciativas inerentes à proteção e promoção de ambientes laborais salubres e adequados, para o presente e para as futuras gerações.

2.5.14 – Atuação do Sindicato na Proteção do Meio Ambiente do Trabalho

O sindicato tem o dever de defender os direitos e interesses coletivos e individuais da categoria (artigo 8º, III, da CF)[89], especialmente a preservação da vida e saúde dos trabalhadores.

Os sindicatos são agentes fundamentais na promoção da saúde e segurança do trabalhador. Entidades sindicais livres e verdadeiramente atuantes exercem papel relevante nas questões ligadas ao meio ambiente do trabalho, seja apresentando denúncias formais ao Ministério Público do Trabalho, ou ainda agindo autonomamente na defesa de sua categoria profissional[90].

Destacamos a lição do Professor Raimundo Simão de Melo atinente à atuação do ente sindical na defesa do meio ambiente do trabalho[91]:

> Quando a Constituição Federal (artigo 225) estabelece que cabe à coletividade defender o meio ambiente, evidentemente está a se referir à sociedade organizada, o que significa dizer, no âmbito trabalhista, que tal tarefa incumbe, em primeiro

---

(89) Artigo 8º da CF – É livre a associação profissional ou sindical, observado o seguinte: (...) III – ao sindicato cabe a defesa dos direitos e interesses coletivos ou individuais da categoria, inclusive em questões judiciais ou administrativas.
(90) SILVA, Homero Batista Mateus, *Direito coletivo do trabalho*, 2. ed.; São Paulo: Elsevier, 2011. p. 11-13.
(91) MELO, Raimundo Simão, *Direito ambiental do trabalho e a saúde do trabalhador, cit.*, p. 86-87.

lugar, aos sindicatos, os quais têm o dever de defender os direitos e interesses coletivos e individuais da categoria (CF, artigo 8º, III). Ocorre que os dirigentes sindicais brasileiros, na sua maioria, não se conscientizaram ainda da importância do meio ambiente seguro, como forma de preservação da saúde e integridade física e psíquica dos trabalhadores, pois o principal pleito trabalhista ainda tem sido sobre aumentos salariais e outras cláusulas sociais.

Com efeito, cabe à entidade sindical requerer a interdição de estabelecimento, setor de serviço, máquina ou equipamento e/ou embargo parcial ou total de obra, quando houver exposição a risco iminente para a vida ou saúde dos trabalhadores. Ainda, é papel da entidade de classe acompanhar o cumprimento das disposições que impõem às empresas o uso e a adoção das medidas individuais e coletivas de segurança do trabalhador.

A função de representação, perante as autoridades administrativas e judiciais, dos interesses coletivos da categoria ou individuais de seus integrantes, leva à atuação do sindicato como parte nos processos judiciais em dissídios coletivos destinados a resolver os conflitos jurídicos ou de interesses, e nos dissídios individuais de pessoas que fazem parte da categoria, exercendo a substituição processual, caso em que agirá em nome próprio na defesa do direito alheio, ou a representação processual, caso em que agirá em nome do representado e na defesa do interesse deste.

Desse modo, os sindicatos podem dispor sobre a medicina e a segurança no trabalho mediante negociação coletiva, observando as garantias mínimas fundamentadas em lei.

A atuação dos sindicatos nas negociações coletivas para assegurar melhores condições ambientais de trabalho é também um importante instrumento para intervir positivamente nos processos produtivos. As convenções e acordos coletivos poderiam/deveriam ser utilizados para eliminar os agentes agressivos ou reduzir a carga horária de trabalho nas situações em que for tecnicamente inviável a neutralização completa dos riscos.

Os sindicatos podem também, na qualidade de substituto processual e representando seus associados, propor ação civil pública visando à observância das normas de saúde e segurança do trabalho. Tal legitimidade tem sido reconhecida pela jurisprudência, conforme se verifica na seguinte ementa de um acórdão proferido pelo Tribunal Regional do Trabalho da 2ª Região:

"Sindicato. Legitimidade para propor ação civil pública. Constituindo o sindicato associação profissional incumbida da representação, nos níveis administrativo e judiciário, dos interesses gerais da respectiva categoria ou profissão liberal (CLT, artigo 513), e elevado ao status constitucional de defensor dos direitos e interesses coletivos ou individuais da categoria, inclusive em questões judiciais ou administrativas (CF, artigo 8º, III), clara desponta sua legitimidade para a propositura da ação pública, desde que cumprido o requisito da existência há pelo menos um ano. (AC. TRT – 2ª Região. 8ª Turma, Proc.: RO 02960066899, Rel. Des. Wilma Nogueira Vaz da Silva, DJ. 09.06.1997)".

Para prevenir a ocorrência de um ilícito, há a possibilidade de tutela inibitória, com intuito de prevenir a violação de direitos, sejam patrimoniais ou não patrimoniais. Nesse ponto, não há direito a ser reparado, mas uma prevenção para que não haja necessidade de reparação. A culpabilidade não importa nesse momento, uma vez que ainda não há direito a ser reparado ou valores a serem ressarcidos. A tutela inibitória também pode dividir-se em negativa, com escopo de obter uma obrigação de não fazer, ou positiva, para estabelecer uma obrigação de fazer, podendo ser requeridas mediante ação civil pública.

Na ação civil pública[92], os interesses tutelados são: difusos – indeterminados em relação aos seus destinatários, (contratação sem concurso público, discriminação de trabalhadores em razão de sexo, idade, raça, deficiência, entre outros), coletivos – grupo obreiro determinado for afetado em igual medida por um mesmo desequilíbrio ambiental (agressão ao meio ambiente de trabalho, dispensa coletiva de trabalhadores, entre outros), individuais homogêneos – em matéria laboral ambiental serão aqueles em que a ameaça ou a lesão à integridade física, mesmo sendo idêntica em sua natureza e em sua origem, diferirão quantitativamente, podendo, pois, ser mensurada individualmente (ausência de fornecimento de equipamentos de proteção individual (EPI), não concessão de férias aos obreiros, entre outros).

Assim, os sindicatos, no papel de associações civis, têm legitimidade para propor ação civil pública, saindo em defesa dos interesses coletivos da classe trabalhadora, bem como os direitos individuais homogêneos de cada trabalhador, o que, inclusive, está expresso na Constituição Federal, nos artigos 8º, III, e 129, III, § 1º.

Cumpre ressaltar que a lesão ao meio ambiente no campo das relações de trabalho acarrete apenas danos individuais, individuais homogêneos ou coletivos dos trabalhadores tratar-se-á sempre de

---

(92) NASCIMENTO, Amauri Mascaro, *Compêndio de direito sindical*, 7. ed.; São Paulo: LTr, 2012. p. 624.

um direito difuso, ainda que residualmente, pois prevalece sempre o interesse da sociedade na preservação da vida humana e da saúde do grupo de trabalhadores; é um direito genericamente difuso, mas que, concretamente, vai apresentar-se, quase sempre, como coletivo ou individual.

Por fim, cumpre ressaltar que, por mais importante que seja a negociação coletiva, a autonomia privada coletiva deve respeitar as normas de ordem pública, como aquelas referentes à higiene, medicina e segurança do trabalho.

2.5.15 – Greve Ambiental e o Direito de Resistência do Trabalhador

A greve é um instrumento constitucional de autodefesa conferido aos trabalhadores, a fim de que possam reclamar a salubridade do seu meio ambiente do trabalho e, portanto, garantir o direito à saúde. A Constituição Federal de 1988 disciplinou a matéria, em relação aos empregados, ao preceituar ser assegurado o direito de greve, competindo aos trabalhadores decidir sobre a oportunidade de exercê-lo e sobre os interesses que devem por meio dele defender (CF, artigo 9º).

A finalidade da greve ambiental é implementar condições adequadas e seguras atinentes ao meio ambiente de trabalho com o escopo de preservar a saúde e vida dos trabalhadores. Enquanto com a greve comum os trabalhadores visam proteger e criar direitos em geral, na greve ambiental o objeto específico de tutela é a saúde e vida dos trabalhadores, como direitos fundamentais assegurados constitucionalmente.

Ainda, é natural que a greve ambiental seja exercida não somente contra um empregador clássico, mas em face de qualquer tomador de serviços que mantém ambiente de trabalho inseguro e inadequado, com risco para a integridade física, saúde e vida do trabalhador. Toda vez que existir qualquer trabalho, ofício ou profissão, haverá a incidência das normas destinadas a garantir um meio ambiente do trabalho saudável e, por consequência, a incolumidade física e psíquica do trabalhador.

Quando a Constituição Federal estabelece que são direitos dos trabalhadores a redução dos riscos inerentes ao trabalho, por meio de normas de saúde, higiene e segurança (artigo 7º, XXII) e que é assegurado o direito de greve, competindo aos trabalhadores decidir sobre a oportunidade de exercê-lo e sobre os interesses que devam por meio dele defender (artigo 9º), fica indene de dúvida o reconhecimento da greve ambiental[93].

Por tratar-se de instrumento para implementação do direito material fundamental (saúde, integridade física e vida), entendemos que a deflagração de greve ambiente para sanar graves e iminentes riscos nos locais de trabalho prescinde dos requisitos formais expressos na Lei n. 7.783/89, uma vez que os trabalhadores estão expostos a risco iminente de vida e, portanto, não podem depender, para a defesa do mais importante bem humano (a vida), do cumprimento de pressupostos formais, nem mesmo nas chamadas atividades essenciais (consideradas aquelas que, não atendidas, colocam em perigo iminente a sobrevivência, a saúde ou a segurança da população).

Nesse sentido, destacamos uma decisão proferida nos autos de um Dissídio Coletivo por meio do qual foi julgada uma greve ambiental:

> RESUMO DO ACÓRDÃO: Não podemos acolher as alegações da suscitante, no sentido de declarar a greve abusiva, ainda que a norma que disciplina o exercício do direito de greve não tivesse sido cumprida literalmente. Ocorre que a paralisação coletiva do trabalho é um fenômeno tipicamente social e a sua deflagração pode decorrer de circunstâncias tais que, sob o aspecto formal, o descumprimento da norma não implica em sua violação a ponto de permitir que se declare abusivo o movimento. A farta documentação apresentada pelo suscitado torna evidente que qualquer negociação prévia foi frustrada pela suscitante, que tornou impossível qualquer diálogo conciliatório, dada a gravidade dos fatos ali documentados. (...) Além de não cumprir as normas convencionais e as do estatuto consolidado, a suscitante resistiu às determinações do Ministério do Trabalho, não esboçando qualquer atitude no sentido de adequar o local de trabalho para que as atividades fossem exercidas com dignidade e segurança. Os documentos de fls. 243/249 tornaram evidentes que a empresa não tinha instalações elétricas adequadas, proteção em máquinas e equipamentos, armazenando produtos inflamáveis em local impróprio, além de outras, pondo em risco seus trabalhadores, em profundo desrespeito ao ser humano. (...) Assim sendo, consideradas todas as circunstâncias que envolveram a deflagração do movimento paredista, não podemos declará-lo abusivo com fundamento no descumprimento de normas legais. Tal é a gravidade dos fatos noticiados em relação ao suscitante, que a exigência do exato cumprimento da norma legal é suplantada pela necessidade de medidas urgentes, eis que não se trata na hipótese dos autos de discutir meras reivindicações de ordem econômica e social, mas sim, de eliminação de risco de vida. Trata-se de cumprir o disposto no artigo 5º da Constituição Federal. Afasto, portanto, a abusividade da greve sob o aspecto formal. (Processo TRT/15ª Região, DC. n. 153/96, de 05.06.1996, Rel. Des. Carlos Roberto do Amaral Barros).

A Convenção n. 155 da Organização Internacional do Trabalho – OIT assegurou ao empregado o direito de, por motivos razoáveis, interromper o trabalho que acarretar perigo iminente ou representar gravidade para a sua vida (artigo 13), reconhecendo a saúde um direito fundamental, como elemento integrante do próprio conceito de dignidade humana.

---

[93] MELO, Raimundo Simão, *Direito ambiental do trabalho e a saúde do trabalhador*, cit., p. 122.

E mais, a citada Convenção estabelece a interrupção do contrato de trabalho em razão de meio ambiente de trabalho inseguro e inadequado, uma vez que os obreiros têm o direito a receber integralmente, sem desconto de qualquer natureza, todas as suas verbas remuneratórias (artigo 21).

Ainda, em locais de trabalho que coloquem em situação de grave e iminente risco de um ou mais trabalhadores, inclusive empregados das empresas prestadoras de serviços, estes possam interromper de imediato suas atividades, comunicando o fato ao superior hierárquico direto para as devidas providências, nos termos da NR 9, item 9.6.3, da Portaria n. 3.214/78.

E mais, o artigo 161, § 6º, da CLT, admite a paralisação do trabalho quando houver laudo da Superintendência Regional do Trabalho e Emprego constando que existe grave e iminente risco para o trabalhador.

A Constituição Estadual de São Paulo assegurou ao empregado interromper suas atividades, sem prejuízo de quaisquer direitos, em condições de risco grave ou iminente no local de trabalho (artigo 229, § 2º, CE/SP).

Cumpre ressaltar que as regras ambientais trabalhistas abrangem qualquer meio ambiente do trabalho, ou seja, qualquer prestação de trabalho a um tomador de serviços, independentemente da relação existente (trabalho autônomo, avulso, voluntário etc.). Dessa forma, o termo correto que deveria ter sido utilizado na Constituição do Estado de São Paulo e Convenção n. 155 da OIT é trabalhador, pois, sendo o meio ambiente sadio um direito constitucional fundamental, não deve ser restringido apenas ao empregado.

O artigo 24 da Carta Magna estabelece a proteção do meio ambiente e a proteção e a defesa da saúde como assuntos de competência legislativa concorrente da União, dos Estados, do Distrito Federal e dos Municípios.

O meio ambiente do trabalho também é considerado como um direito fundamental de terceira dimensão e como tal deve ser preservado, uma vez que o trabalhador tem o direito de exercer suas atividades em um ambiente de trabalho hígido, em prol de sua saúde física e metal.

Nesse sentido, destacamos os ensinamentos do Professor Raimundo Simão de Melo[94]:

> À falta de conceito legal ou doutrinário, ouso conceituar a greve ambiental como sendo a paralisação coletiva ou individual,

---

(94) MELO, Raimundo Simão, *Direito ambiental do trabalho e a saúde do trabalhador*, cit., p. 119-120.

temporária, parcial ou total da prestação de trabalho a um tomador de serviços, qualquer que seja a relação de trabalho, com a finalidade de preservar e defender o meio ambiente do trabalho de quaisquer agressões que possam prejudicar a segurança, a saúde e a integridade física e psíquica dos trabalhadores. Na doutrina clássica não se concebe a existência de greve individual, pois o instituto foi construído filosoficamente com base no fenômeno coletivo. No entanto, ousamos insinuar tal mudança para permitir e considerar como greve ambiental não só a paralisação coletiva do trabalho, mas também a individual, quando houver condições de risco grave e iminente no local de trabalho.

Destacamos a seguinte ementa do Tribunal Regional do Trabalho da 2ª Região, usando como parâmetro o artigo 229, § 2º, da Constituição de São Paulo:

"DISSÍDIO COLETIVO DE GREVE. RISCO DE VIDA EM AMBIENTE DE TRABALHO. A Constituição do Estado de São Paulo em seu artigo 229, parágrafo 2º autoriza expressamente a interrupção das atividades laborativas pelo empregado em condições de risco grave ou iminente no local de trabalho. Afastada a abusividade da greve. (TRT-2ª Região - DC: 20305200300002008, Rel. Des.: Plínio Bolívar de Almeida, DJ: 28/08/2003, SDC Turma)."

A possibilidade de usar-se do instituto greve ambiental no ordenamento jurídico brasileiro está intimamente ligada ao fundamento da República Federativa do Brasil da dignidade da pessoa humana (CF, artigo 1º, III) que se baseia na proteção da integridade física e mental do indivíduo enquanto trabalhador, e nos valores sociais do trabalho (CF, artigo 1º, IV).

Não podemos desconhecer o fato de que o trabalhador receberá certas represálias por parte do empregador quando usar do instrumento greve ambiental individual, visto que o empregado não tem a garantia de emprego.

Sendo assim, dificilmente o obreiro tomará tal atitude, porque sabe de antemão das consequências que certamente advirão em represália do ato (greve ambiental individual), como, por exemplo, a rescisão do contrato de emprego, o que é indesejável diante da crise de desemprego que abala o país e milhões de trabalhadores.

A recusa do trabalho diante da inobservância do empregador e/ou tomador de serviços às normas de proteção ao trabalho, independentemente de conceituar-se como greve ambiental individual ou simplesmente de exercício do direito de resistência do trabalhador, está prevista no ordenamento jurídico brasileiro.

Portanto, a greve ambiental caracteriza-se como um instrumento de defesa da saúde do trabalhador em face de meio ambiente de trabalho inadequado e inseguro para o exercício das atividades laborativas.

2.5.16 – Ministério Público do Trabalho e o Meio Ambiente de Trabalho

O Ministério Público do Trabalho (MPT), por integrar o Ministério Público como um todo, é instituição permanente, essencial à Justiça, promovendo a defesa da ordem jurídica, do regime democrático e dos interesses sociais e individuais indisponíveis (CF/88, artigo 127).

A atuação do Ministério Público do Trabalho apresenta relevância diferenciada para o bem comum, justamente por defender os direitos humanos fundamentais de terceira dimensão, pertinentes às relações de trabalho, concretizando o mandamento constitucional de dignidade humana da pessoa. Dentre tais direitos destacamos a tutela do meio ambiente do trabalho, da saúde e da integridade física e psíquica dos trabalhadores.

Os direitos humanos fundamentais, de natureza social e trabalhista, recebem efetiva tutela pelo Ministério Público do Trabalho, garantindo sua preservação e respeito. Cabe acentuar que os direitos metaindividuais, inclusive aqueles pertinentes às relações de trabalho, estão inseridos no contexto dos direitos humanos fundamentais.

Sendo assim, a cada dia ganha importância o papel do Ministério Público do Trabalho, processual e extraprocessualmente, na tutela do meio ambiente do trabalho. O número de demandas judiciais no tocante à defesa do meio ambiente do trabalho vem aumentando nos últimos anos e constituiu uma das metas institucionais do órgão ministerial trabalhista em razão dos elevados índices de acidentes/doenças do trabalho.

Como principais e importantes instrumentos de atuação para defesa da ordem jurídica trabalhista e tutela do meio ambiente do trabalho, o Ministério Público do Trabalho conta com a Ação Civil Pública, Inquérito Civil e Termo de Ajuste de Conduta.

O inquérito civil é um relevante procedimento administrativo e inquisitorial, podendo ser instaurado de ofício, para apurar eventual lesão a interesses coletivos ou indisponíveis, com a finalidade de colher elementos de convicção para o ajuizamento da Ação Civil Pública. A legitimidade para sua instauração é exclusiva do Ministério Público (CF/88, artigo 129, III)[95].

---

(95) MELO, Raimundo Simão, *Ação civil pública na justiça do trabalho*, 3. ed.; São Paulo: LTr, 2008. p. 56.

Cabe esclarecer que o inquérito civil não é condição de procedibilidade para o ajuizamento de demanda judicial, nem para a realização das demais medidas de sua atribuição.

Para a tutela do meio ambiente do trabalho, representa o Inquérito Civil importante instrumento porque, além de apurar a existência de lesão ambiental, propicia ao órgão ministerial a assinatura, pelo inquirido, de um Termo de Ajustamento de Conduta às normas legais. É ágil, informal e barato, além de não se submeter aos emaranhados da legislação processual, como ocorre nas demandas judiciais.

O Termo de Ajuste de Conduta é importante instrumento de atuação do Ministério Público do Trabalho, com natureza de título executivo extrajudicial, firmado com a finalidade de correção ou mesmo prevenção de eventuais condutas irregulares, tornando-as compatíveis com o ordenamento jurídico, mediante uma cominação.

Por tratar-se de negócio jurídico com natureza de título extrajudicial, se não cumprido, possibilitará a busca da sua execução direta perante a Justiça competente que, no caso de envolver questões ambientais do trabalho, será a Justiça do Trabalho (CLT, artigo 876).

Esse instrumento propicia maior agilidade e efetividade dos negócios jurídicos relevantes aos direitos e interesses metaindividuais (difusos, coletivos e individuais homogêneos), notadamente no que respeita à defesa do meio ambiente do trabalho seguro e adequado. Tem legitimidade ativa para firmá-lo tanto o Ministério Público como os outros legitimados – órgãos públicos – descritos no artigo 5º da Lei n. 7.347/85.

A Ação Civil Pública é um eficaz instrumento para a defesa dos direitos difusos, coletivos e individuais homogêneos, ou mesmo de direitos de caráter indisponível, de grande relevância para a sociedade.

Cabe destacar que a legitimidade para o ajuizamento da mencionada demanda não é exclusiva do Ministério Público do Trabalho.

Sendo assim, por meio da Ação Civil Pública, o Ministério Público do Trabalho deverá se valer de mecanismos instrumentais preventivos ou inibitórios para promover a cessação imediata de ameaça, devendo o julgador, a seu turno, implementar as medidas necessárias e adequadas nesse sentido, ou, sendo impossível a reversão dos prejuízos causados pelo poluidor, a reparação pecuniária dos eventos lesivos.

Para a efetividade da tutela do meio ambiente do trabalho e da saúde dos trabalhadores, em alguns casos é indispensável a concessão de medidas liminares de urgência, pois os danos causados, ou na iminência de o serem, são muitas vezes irreversíveis e irreparáveis.

2.6 – Custos dos Acidentes e Enfermidades do Trabalho

Os acidentes e enfermidades laborais decorrentes da insegurança no meio ambiente laboral geram sofrimento ao trabalhador, que tem comprometida sua integridade física, com reflexos na vida familiar e social.

Falar em custos decorrentes das condições e meio ambiente de trabalho nocivos significa avaliar os investimentos feitos em segurança e saúde do trabalhador, a economia decorrente dos investimentos feitos em oposição às perdas e despesas decorrentes das más condições de trabalho e da falta daqueles investimentos, assim como das perdas decorrentes dos acidentes e enfermidades decorrentes do trabalho.

Devem ser avaliados os custos para o trabalhador, para a família da vítima, para o empregador, para a sociedade, para os cofres públicos, nesses incluídos o Poder Judiciário e a Previdência Social, e para o desenvolvimento do país[96].

2.6.1 – Custos para o Trabalhador e Familiares

O trabalhador é a maior vítima da insegurança no local de trabalho, suporta-a com seu maior bem, a vida. Não raro é responsabilizado pelo acidente ou dispensado tão logo o empregador tome conhecimento de que está acometido de doença ocupacional.

As perdas do trabalhador podem ser classificadas em: a) sofrimento físico e moral; b) gastos de transporte para deslocamento ao serviço de saúde; c) redução ou perda da capacidade física em virtude de sequelas; d) redução ou perda da capacidade laboral; e) discriminação no mercado de trabalho; f) sofrimento psicológico; g) redução de suas expectativas de desenvolvimento pessoal; h) gastos com aquisição de material complementar ao tratamento; i) redução das expectativas de desenvolvimento dos membros da família que dependem do trabalho; j) morte prematura; e k) desequilíbrio e alteração da dinâmica familiar.

2.6.2 – Custos para o Empregador

Os custos decorrentes de acidentes e enfermidades do trabalho suportados pelo empregador podem ser divididos em diretos e indiretos.

---

(96) FERNANDES, Fábio, *Meio ambiente geral e meio ambiente do trabalho*, cit., p. 228.

Nos custos diretos estão incluídos os valores despendidos em prevenção e segurança do trabalho, tais como: a) os investimentos em matéria de higiene, segurança e medicina do trabalho, para prevenção dos riscos laborais; b) custeio de Serviços Especializados em Engenharia e Medicina do Trabalho (SESMT); c) despesas com elaboração de Programa de Prevenção de Riscos Ambientais (PPRA) e Programa de Controle Médico de Saúde Ocupacional (PCMSO); d) custeio de Seguro de Acidente de Trabalho (SAT); e) aquisição de Equipamentos de Proteção Individual (EPI) e Coletivo (EPC); f) cursos de treinamento e capacitação; e g) todo investimento necessário para que o meio ambiente de trabalho seja seguro e não ponha em risco a saúde do trabalhador.

Os custos indiretos correspondem às perdas econômicas suportadas pelo empregador em virtude das enfermidades ou acidentes do trabalho, a saber: a) jornadas laborais perdidas; b) tempo destinado a notificação do acidente e despesas administrativas; c) lucro cessante em relação ao maquinário danificado; d) interrupção no ritmo do processo de produção; e) pagamento de horas extras para atender a produção do trabalhador ausente; e) capacitação de novo trabalhador para o lugar do licenciado; f) mácula ao nome e imagem corporativa frente aos clientes; g) gastos com demandas judiciais e indenizações por danos causados ao trabalhador e ao meio ambiente; h) custos com ressarcimento à Previdência Social das prestações sociais decorrentes de acidentes de trabalho cuja culpa foi atribuída ao empregador; e i) toda e qualquer despesa que tenha origem no acidente ou enfermidade decorrente do trabalho.

2.6.3 – Custos para os Cofres Públicos

As enfermidades e acidentes do trabalho demandam um custo altíssimo aos cofres públicos, verbas que poderiam render maior benefício à sociedade. São os custos da imprevidência e insegurança no meio ambiente do trabalho.

Os custos podem ser exemplificados como: a) custos com atendimentos médicos de urgência, hospitalização, cirurgia, consultas, tratamento e reabilitação; b) custos com perícias para avaliação do paciente e identificação de sequelas para a estipulação de prestações econômicas; c) despesas jurídicas com demandas que objetivam a majoração das prestações econômicas; d) custos com prestações econômicas pagas ao trabalhador ou dependentes, auxílio-doença e acidente, aposentadorias por invalidez e pensões por morte; e e) comprometimento dos recursos disponíveis para atender a demais problemas de saúde da sociedade.

Esses gastos poderiam ser evitados em sua grande maioria, com maior comprometimento e responsabilidade por parte dos empregadores com a saúde do trabalhador, higiene e segurança no meio ambiente do trabalho.

Ainda, a cada ano aumenta o número de ações em que trabalhadores ou dependentes buscam reparação decorrente de acidente de trabalho na Justiça do Trabalho. Há que se registrar o custo de cada processo, especialmente em demandas envolvendo acidentes e/ou doenças do trabalho que têm maior complexidade e necessitam da elaboração de várias perícias, audiências e recursos, o que as torna mais onerosas ao Poder Judiciário em comparação com ações que buscam outros direitos trabalhistas.

2.6.4 – Custos para a Sociedade e Desenvolvimento do País

A sociedade sofre os efeitos econômicos secundários da violação das normas de saúde e segurança no meio ambiente de trabalho.

Suas sequelas são: a) diminuição da produtividade nas empresas, a recessão e o desemprego; b) discriminação laboral; c) diminuição do Produto Interno Bruto (PIB); d) redução das contribuições fiscais individuais; e e) aumento de repasse de recursos do orçamento para a Previdência Social (INSS).

O impacto social decorrente da insegurança no local de trabalho ultrapassa a esfera pessoal e familiar do trabalhador, compromete o progresso das empresas, da sociedade e o desenvolvimento econômico do país.

2.7 – Ambiente de Trabalho Livre do Tabaco

Todo cidadão trabalhador tem o direito ao meio ambiente de trabalho 100% (cem por cento) livre do tabaco como bem difuso e coletivo a ser tutelado, como meio efetivo de prevenção dos riscos inerentes ao trabalho e garantia de saúde, vida digna e trabalho decente, e de meio ambiente adequado, à luz da Constituição Federal e da Convenção Quadro para o Controle do Tabaco (CQCT)[97].

---

(97) CARVALHO, Adriana Pereira, *Revista Codemat* – Meio Ambiente do Trabalho Aplicado, 1. ed.; São Paulo: LTr, 2013. p. 26.

O governo brasileiro ratificou em novembro de 2005 a Convenção Quadro para o Controle do Tabaco (CQCT), que, por meio do Decreto n. 5.658, entrou em vigor no país em 1º de fevereiro de 2006. A CQCT é um Tratado Internacional de saúde pública que prevê a adoção de um conjunto de medidas para deter a expansão do consumo, produção e exposição à fumaça do tabaco e suas graves consequências, como a proibição da publicidade, promoção e patrocínio de produtos fumígenos, a proteção contra o fumo passivo e aumento de preços e impostos sobre referidos produtos.

Vale lembrar que a CQCT não admite os chamados fumódromos em locais fechados, ainda que neles haja equipamentos de ventilação ou exaustão, ou separação de área para fumantes e de área para não fumantes.

A fumaça do tabaco é incontroversamente tóxica e potencialmente cancerígena, sendo a maior fonte de poluição em ambientes de trabalho fechados. Os não fumantes expostos à fumaça do tabaco inalam os mesmos elementos tóxicos da fumaça inalada por fumantes ativos.

A presença da fumaça no local de trabalho representa risco ocupacional, em afronta ao direito fundamental de todo trabalhador ao meio ambiente de trabalho sadio e adequado, e, portanto, aos artigos 7º, inciso XXII, 196 e 225 da atual Constituição Federal.

A Constituição Federal determina, logo em seu artigo 1º, que a República Federativa do Brasil tem como fundamentos, entre outros, a cidadania, a dignidade humana, os valores sociais do trabalho e a livre-iniciativa. Ao tratar da ordem econômica, o artigo 170 assegura a livre-iniciativa, mas não de forma absoluta, e sim fundada na valorização do trabalho humano, busca do pleno emprego e na defesa do meio ambiente, com a finalidade de assegurar a todos existência digna conforme os ditames da justiça social[98].

Dessa forma, não tem o empregador a faculdade de permitir ou não o fumo em locais de trabalho em áreas fechadas, já que é o titular do dever constitucional de promover um meio ambiente de trabalho saudável. Tampouco é legítima a concordância do trabalhador com a exposição ocupacional à fumaça do tabaco. O direito ao meio ambiente de trabalho seguro é irrenunciável, sendo irrelevante para este fim se o trabalhador for ou não fumante.

Cientificamente não existe mais qualquer dúvida sobre os efeitos nocivos do uso do tabaco para a saúde humana. Se o fumante ativo está sujeito a riscos para a sua saúde, igualmente ou pior ocorre em relação àquele que recebe os efeitos da fumaça como fumante passivo.

---

(98) OLIVEIRA, Sebastião Geraldo, *Proteção Jurídica à Saúde do Trabalhador*, cit., p. 85.

É o caso do trabalhador que não fuma, mas durante a jornada de trabalho fica exposto à fumaça de cigarro no ambiente do trabalho.

Desse modo, demonstrada a existência de dano para a saúde do trabalhador por conta dos riscos ambientais, cabe ao empregador demonstrar que implementou todas as medidas necessárias na forma da lei (artigo 157 da CLT), uma vez que depende da atitude patronal permitir ou não que se fume nos locais de trabalho.

Pela interpretação sistemática e teleológica do inciso XXVIII do artigo 7º e do § 3º do artigo 225 da Carta Maior e do § 1º do artigo 14 da Lei n. 6.938/81, a responsabilidade do empregador pelos danos aos seus empregados decorrentes da exposição à fumaça do cigarro é objetiva, pois se trata de dano oriundo da degradação do meio ambiente.

Aprovada em 2011, mas regulamentada em 2014, a Lei n. 12.546 proíbe o ato de fumar cigarrilhas, charutos, cachimbos, narguilés e outros produtos em locais de uso coletivo, públicos ou privados, como *halls* e corredores de condomínios, restaurantes e clubes – mesmo que o ambiente esteja parcialmente fechado por uma parede, divisória, teto ou toldo.

Antes da regulamentação, 8 (oito) Estados brasileiros já contavam com leis próprias sobre o tema. São eles: São Paulo, Rio de Janeiro, Rondônia, Roraima, Amazonas, Mato Grosso, Paraíba e Paraná. Entretanto, com a decisão, o que passará a valer sobre a matéria é a nova lei federal, que deverá influenciar os hábitos dos fumantes.

Nas Américas, segundo a Organização Pan-Americana de Saúde (Opas), 16 (dezesseis) países já estabeleceram ambientes livres de fumo em todos os locais públicos fechados e de trabalho: a Argentina, Barbados, o Canadá, o Chile, a Colômbia, a Costa Rica, o Equador, a Guatemala, Honduras, a Jamaica, o Panamá, o Peru, Suriname, Trinidad e Tobago, o Uruguai e a Venezuela.

A lei ainda extingue os fumódromos e acaba com a possibilidade de propaganda comercial de cigarros, mesmo nos pontos de venda, onde era permitida publicidade em *displays*. Em caso de desrespeito à norma, os estabelecimentos comerciais podem ser multados e até perder a licença de funcionamento.

Fica liberada apenas a exposição dos produtos, acompanhada por mensagens sobre os males provocados pelo fumo. Além disso, os fabricantes terão que aumentar no próprio produto os espaços para avisos sobre os danos causados pelo tabaco. Pela nova regra, a mensagem deverá ocupar 100% da face posterior das embalagens e de uma de suas laterais.

Portanto, é dever e tarefa primordial do empregador manter um ambiente de trabalho que preserve a saúde e a integridade física e mental de todos os trabalhadores, inclusive os empregados das empresas de prestação de serviços, evitando a ocorrência de doenças ocupacionais e acidentes de trabalho.

CAPÍTULO III

TERCEIRIZAÇÃO DE SERVIÇOS

O fenômeno irreversível da globalização da economia vem impondo à classe empresarial uma postura pró-ativa e preventiva acerca das inovações e mudanças que constantemente se apresentam e que, invariavelmente, continuam a ocorrer.

A concorrência empresarial, antes restrita à economia interna de um país, se abre a um espectro infinitamente maior, o que leva ao pensamento, praticamente uníssono dentre os que compõem a classe econômica, de que aquele que não se adaptar à dinamicidade das alterações estará fadado ao insucesso.

A necessidade de concorrer com menor dificuldade neste mercado multifacetário, mundialmente aberto e em constante expansão, desafia a empresa a buscar melhorias no seu sistema de produção, que possibilitem a concentração dos esforços na sua atividade principal, no planejamento, organização e controle de seu próprio negócio.

Nesse contexto, a entrega a terceiro de determinado serviço, não incluído nos fins sociais da empresa, para que esse o realize habitualmente e com empregados próprios, tem sido vista como inevitável para o alcance do objetivo mencionado, de inserção eficaz na concorrência instalada, posto que estas atividades acessórias, de menor importância para o empreendimento, acabam por desperdiçar o tempo, a tecnologia, os recursos humanos e o investimento que poderiam ser destinados apenas à atividade-fim da empresa[99].

Esse procedimento se apresenta, originalmente, não apenas com as vantagens da diminuição dos encargos, comparativamente à contratação direta dos trabalhadores necessários àquelas atividades acessórias, mas também com o atendimento das exigências quanto à qualidade, competitividade e agilidade necessárias para as adaptações às constantes mudanças das condições de mercado[100].

O instituto em análise, consistente na outorga a outrem de uma função, que, a princípio, seria exercido pela própria empresa e que se

---
(99) JUCÁ, Francisco Pedro, *Renovação do direito do trabalho* – Abordagem Alternativa à Flexibilização, 1. ed.; São Paulo: LTr, 2000. p. 67.
(100) GIRAUDEAU, Michel Olivier, *Terceirização e responsabilidade do tomador de serviços*, 1. ed.; São Paulo: LTr, 2010. p. 19.

convencionou chamar de terceirização, teve início a partir da mudança do conceito de produção fordista para o toyotismo e tem o objetivo de melhorar a prestação do serviço ou a qualidade do produto final com base na especialização das áreas-meio.

O Professor Sergio Pinto Martins conceitua o fenômeno da terceirização da seguinte forma[101]:

> Terceirizar é a estratégia empresarial que consiste em uma empresa transferir para outra, e sob o risco desta, a atribuição, parcial ou integral, da produção de uma mercadoria ou a realização de um serviço, objetivando, isoladamente ou em conjunto, a especialização, a diminuição de custos, a descentralização da produção ou a substituição temporária de trabalhadores.

Dessa forma, passa a viger uma relação trilateral composta pelo trabalhador, o intermediador de mão de obra e o tomador de serviços, que funciona da seguinte forma: o trabalhador presta serviços que serão aproveitados pelo contratante, mas quem lhe dirige e assalaria é o intermediador de mão de obra, o qual pactua e recebe remuneração do tomador de serviços.

Com efeito, pelo fenômeno da terceirização, há uma dissociação entre a relação de trabalho propriamente dita e a relação econômica de trabalho, enquanto aquela é firmada entre o trabalhador e a empresa intermediária, fornecedora de mão de obra, essa vige entre a intermediadora e o tomador de serviços[102].

A aplicação do instituto nas empresas encontra justificativa bastante plausível por ser irresistivelmente racional que, em lugar de expandir sua atividade na direção de áreas estranhas ao seu conhecimento, confia essas áreas a outras empresas com estrutura e experiência formadas precisamente para elas.

É preciso que se reconheça, contudo, que a contratação de serviços especializados de uma empresa, em favor de outra, já se apresenta como constatação de uma realidade concretizada. A solução é concebida como uma das formas de viabilizar a eficácia da economia, diante de transformações irreversíveis dos métodos de gestão e das relações de trabalho.

Conscientes dos direitos fundamentais que orientam o nosso ordenamento jurídico, não podendo recusar a própria aplicação desses preceitos, busca-se estabelecer os limites do que deve, ou não, ser aceito como terceirização regular.

---

(101) MARTINS, Sergio Pinto, *A terceirização e o direito do trabalho*, 11. ed.; São Paulo: Atlas, 201. p. 24.
(102) DELGADO, Mauricio Godinho, *Curso de direito do trabalho*, 6. ed.; São Paulo: LTr, 2007. p. 430.

Sendo assim, a terceirização, não obstante seja reconhecida por fornecer eficaz poder de facilitação da gestão do negócio, traz em sua essência séria ameaça aos direitos conquistados pela classe trabalhadora. Atualmente, a espantosa quantidade de acidentes do trabalho e/ou doença ocupacional registrados no Brasil, e em especial no setor de terceirização, impõe a necessidade de se avaliar novas formas de responsabilização tanto do empregador quanto do tomador dos serviços, como mecanismos disciplinares e punitivos que visem melhorar a condição de labor dessa categoria de trabalhadores[103].

As normas que dispensam proteção ao trabalhador quanto à saúde e à segurança sujeitam a empresa contratante não só em face de seus próprios empregados, mas também perante os da empresa contratada. Assim, as empresas de terceirização, por sua vez, colocam o empregado para prestar serviços dentro da empresa tomadora, sendo que esta também é responsável pela segurança e saúde dos trabalhadores.

Na ânsia de repassar para outrem a responsabilidade trabalhista relacionada a determinado serviço alheio à sua atividade-fim, estabeleceu-se dentre as empresas tomadoras de serviços a cultura geral de que também a responsabilidade pela segurança dos trabalhadores foi terceirizada. Entretanto, se os riscos ambientais são os mesmos para todos, não se justifica tratamento desigual dado a trabalhadores submetidos às mesmas condições de meio ambiente de trabalho.

A análise mais cuidadosa sobre a questão, contudo, levará a conclusão diversa, partindo-se da interpretação das normas infraconstitucionais conforme a própria Constituição Federal e com a inserção no sistema de regras das normas internacionais de proteção ao trabalhador.

3.1 – A Evolução Histórica do Fenômeno da Terceirização de Serviços

A origem da terceirização, com efetivas consequências sociais e econômicas, pode ser verificada durante o período da Segunda Guerra, ocasião em que os países europeus e os Estados Unidos, aliados, viram-se diante da necessidade de suprir o excessivo aumento de demanda na indústria de armamentos. A necessidade impôs que a indústria se concentrasse na própria produção, transferindo as atividades acessórias para terceiros.

---

(103) MELO, Raimundo Simão, *Direito ambiental do trabalho e a saúde do trabalhador*, cit., p. 403.

Ressalvado esse acontecimento, que se impôs pelas circunstâncias da guerra, aponta-se efetivamente o início da terceirização, como uma mudança realmente voluntária na organização das relações de produção, a partir dos anos 1970.

A década de 1970 iniciou com crises fiscais nos países centrais, razão pela qual se acreditava que o pleno emprego era o fator acelerador da inflação. Logo, em 1971 rompeu-se com o câmbio fixo e adotou-se o câmbio flexível. Em seguida, a crise do petróleo afetou o setor produtivo e contribuiu para comprometer as receitas fiscais do chamado Estado do Bem-Estar Social.

O poder de interferência do Estado na condução da política nacional do emprego foi readaptado aos parâmetros da dinâmica capitalista internacional. Nessa conjuntura, o fenômeno da terceirização foi influenciado pelo ciclo econômico que iniciou a partir da década de 1970 com o advento do neoliberalismo.

O quadro descrito deu margem a novas formas de organização e gestão do trabalho em resposta ao período de crise fiscal e econômica. O modelo clássico de produção fordista, em que todos os trabalhadores executavam suas atividades no mesmo local de trabalho, com o escopo de controlar a produção e a qualidade, foi substituído por um modelo chamado de toyotismo.

O modelo toyotismo voltava-se para o combate ao desperdício, a flexibilidade na organização do trabalho, a subcontratação com os fornecedores e a equivalência entre a fabricação do produto e o fluxo da demanda.

Assim, as relações de produção buscavam um modelo mais adequado às novas necessidades, com a descentralização das atividades das grandes empresas. O avanço tecnológico e a expansão das pequenas empresas, num ambiente moderno de crescimento do consumo, desenvolveram condições favoráveis à evolução do setor terciário, do fornecimento de bens e serviços, e favoreceram a contratação de empresas especializadas em atividades mais acessórias, como vigilância, limpeza, segurança, transporte, preparo de alimentos, pesquisa, tecnologia de informação, entre outras[104].

Da mesma forma, a terceirização no Brasil difundiu-se no final da década de 1970, com a organização produtiva do modelo toyotismo, numa reação ao quadro de crise fiscal e econômica que se apresentava naquele período.

---

(104) GIRAUDEAU, Michel Olivier, *Terceirização e responsabilidade do tomador de serviços*, cit., p. 22.

A partir da década de 1980 expandiu-se sistematicamente no país o processo influenciado pela política internacional neoliberal, de substituição de várias atividades no interior das empresas.

A década de 1990 ficou marcada como o período das mais contundentes reformulações neoliberais na atuação do Estado em razão da abertura do mercado econômico mundial e o impulso de novas estratégias de produção. A mais incisiva reformulação de flexibilização deste período foi a contratação da mão de obra por meio de terceirização em praticamente todos os setores da economia privada.

A empresa necessita aumentar a produtividade, o que a leva a se especializar e realizar apenas tarefas para as quais tem efetiva vocação. Essa é uma realidade mundial diante da globalização, na qual o Brasil também se insere.

Por certo que o princípio protecionista que rege as relações de trabalho não deva ser desconsiderado na aceitação dessa realidade. Ao contrário, a constatação da terceirização como fato concreto e inevitável reclama exatamente a fixação dos critérios regulares de sua existência, assim como a atribuição da responsabilidade das empresas envolvidas, em face dos direitos do trabalhador, para a necessária adaptação do direito aos fatos[105].

Com relação às referências legais, inicialmente, a Consolidação das Leis do Trabalho (CLT) tratou da terceirização com certo desprezo, reportando-se especificamente às relações triangulares de trabalho envolvendo o empreiteiro e o subempreiteiro, como hipótese de subcontratação, num período em que a terceirização ainda não se apresentava na fase de industrialização.

A primeira lei a tratar especificamente sobre a terceirização foi voltada para o serviço público. Assim, o Decreto-Lei n. 200/1967, inspirado na técnica de descentralização administrativa previa a possibilidade de transferência a terceiros de serviços meramente operacionais, desprovidos de caráter deliberativo. Em 1970, veio a Lei n. 5.645 que apontava ilustrativamente as áreas que comportariam a terceirização no âmbito estatal, destacando-se os serviços de transportes, conservação, custódia, operação de valores, limpeza e outras assemelhadas.

Embora não se trate propriamente do fenômeno de terceirização, a Lei n. 6.019/74, a qual dispõe sobre a contratação de trabalhadores de forma temporária por meio de uma empresa, em caso de necessidade transitória ou aumento da demanda em decorrência de situação

---

(105) GIRAUDEAU, Michel Olivier, *Terceirização e responsabilidade do tomador de serviços, cit.*, p. 38.

excepcional, sendo conhecida como a Lei do Trabalho Temporário, deu início no campo privado à verticalização do sistema de produção, uma vez que admitiu a relação trilateral, em que o serviço poderia ser prestado por trabalhador, sem a típica relação de emprego.

Com a Lei n. 7.102, de 1983, foi prevista a contratação de empresas especializadas em segurança, vigilância ostensiva e transporte de valores, pelos estabelecimentos financeiros, isto é, bancos oficiais ou privados, caixas econômicas, sociedade de crédito, associações de poupanças, suas agências e subagências.

Em 1994, por meio da Lei n. 8.863, foi incluída disposição de que a prestação de serviços de segurança, vigilância e transporte de valores pudesse também ocorrer para atender à segurança privada de pessoas, e aos estabelecimentos comerciais, industriais, de prestação de serviços e residências e entidades sem fins lucrativos, órgãos e empresas públicas. Em 2008, por meio da Lei n. 11.718, passaram a constar do rol os postos de atendimento e as cooperativas singulares de crédito[106].

Igualmente, o fato que contribuiu para a disseminação da terceirização no âmbito privado foi o advento da Lei n. 8.949/94, que acrescentou o parágrafo único ao artigo 442 da CLT, prevendo expressamente a inexistência de vínculo empregatício entre a cooperativa e seus associados e entre esses e os tomadores de serviços daquela.

Para a atividade bancária houve ainda a introdução de outra fórmula com a definição e autorização, pelo Banco Central, do correspondente bancário, e, pela Circular n. 220, de 15 de outubro de 1973, foi facultada aos estabelecimentos bancários atribuírem a pessoas jurídicas, sob controle especial, o desempenho dessas funções. Seguiram-se as Resoluções n. 2.166/1995 e n. 2.640/1999, ambas do Banco Central, ampliando a terceirização, com ampliação das áreas de atuação e dos titulares da faculdade, ao estender o procedimento dos bancos múltiplos com carteira de crédito, financiamento e investimento, corretoras, financeiras, aos bancos comerciais e à Caixa Econômica. Em 2003, maior amplitude foi dada à possibilidade de outras pessoas jurídicas desempenharem atividades bancárias. Com a Resolução n. 3.110/2003, foi autorizada sua realização por diferentes empresas e em inúmeras áreas de expressão da atividade bancária.

A teoria neoliberal trouxe consigo a redução do Estado, com a privatização de sociedades de economia mista, o que afetou a estrutura da sociedade e o papel do Estado, cuja ineficiência como gestor da economia passou a ser propalada.

---

(106) SOBRINHO, Zéu Palmeira, *Terceirização e reestruturação produtiva*, 1. ed.; São Paulo: LTr, 2008. p. 88.

No Brasil, no procedimento da privatização destacou-se o estabelecimento do regime de concessão e permissão da prestação de serviços públicos na Lei n. 8.987/1995, seguida de previsão específica aos serviços de telecomunicações na Lei n. 9.472/1997, ambas com dispositivo legal assegurando a possibilidade de contratação de terceiros para o desenvolvimento de atividades inerentes[107].

Ainda, com a Lei n. 11.909/2009, tratando das atividades relativas ao transporte de gás natural, ampliou-se a terceirização e se deu a intensificação do debate em torno de atividade-fim e atividade-meio.

Também como fenômeno da terceirização, foi regulamentado, pela Lei n. 11.442/2007, o transporte rodoviário de cargas por conta de terceiros, com ênfase na natureza comercial da atividade, sendo que nessas relações contratuais não é ensejada a caracterização de vínculo de emprego.

No intermitente debate sobre a necessidade, ou pertinência, de regulamentar a terceirização, verifica-se que, até o momento, as leis que foram adotadas versam sobre a hipótese de seu cabimento, sem haver disposições sobre os contratos de trabalho que ela envolve e os direitos trabalhistas e proteção social inerentes.

Cabe registrar que, a despeito da inexistência de demais normas autorizadoras, nas últimas décadas as empresas passaram cada vez mais a utilizar-se da terceirização, como nos casos dos serviços de conservação e limpeza.

3.2 – Regulamentação Legislativa da Terceirização de Serviços

A terceirização, como fenômeno integrante do movimento de flexibilização das relações de trabalho não tem, ainda, no Brasil, regulamentação jurídica plena.

Foi aprovado na Câmara Federal o Projeto de Lei n. 4.330/2004, apresentado pelo Deputado Sandro Mabel, que dispõe sobre o contrato de prestação de serviço a terceiros e as relações de trabalho dele decorrentes.

O referido projeto foi enviado ao Senado Federal e tramitará como Projeto de Lei da Câmara (PLC) n. 30/2015, onde deverá passar por cinco Comissões antes da análise do Plenário da Casa: Comissões

---

(107) Lei n. 8.987/1995 – artigo 25, § 1º - Sem prejuízo da responsabilidade a que se refere este artigo, a concessionária poderá contratar com terceiros o desenvolvimento de atividades inerentes, acessórias ou complementares ao serviço concedido, bem como a implementação de projetos associados. Lei n. 9.472/1997 – artigo 94 – (...) II – contratar com terceiros o desenvolvimento de atividades inerentes, acessórias ou complementares ao serviço, bem como a implementação de projetos associados.

de Constituição, Justiça e Cidadania (CCJ); de Assuntos Econômicos (CAE); de Direitos Humanos e Legislação Participativa (CDH); e de Assuntos Sociais (CAS).

Atualmente, o projeto encontra-se na Comissão de Direitos Humanos e Legislação Participativa (CDH) do Senado Federal. A proposta aguarda a designação de relator[108].

Nele, é previsto que a prestadora de serviços contrate e remunere o trabalho realizado por seus empregados ou subcontrate outra empresa para realização desses serviços, sem configurar vínculo empregatício entre a empresa contratante e os trabalhadores ou sócios das empresas prestadoras de serviços, qualquer que seja o ramo.

As normas atingem empresas privadas, empresas públicas, sociedades de economia mista, produtores rurais e profissionais liberais. O texto somente não se aplica à administração pública direta, autarquias e fundações.

É definida como contratante a pessoa física ou jurídica que celebra com empresa prestadora de serviços contrato de prestação de serviços determinados e específicos que podem versar sobre o desenvolvimento de quaisquer atividades da contratante.

O projeto de lei possibilita a contratação do trabalhador, sucessivamente, por diferentes empresas prestadoras de serviços a terceiros que prestem serviços à mesma contratante de forma consecutiva, prevendo que os serviços podem ser executados no estabelecimento do contratante ou em outro local.

Há a possibilidade da chamada "quarteirização", ou seja, a empresa terceirizada pode subcontratar os serviços de outra empresa. Este mecanismo só poderá ocorrer, porém, em serviços técnicos especializados e se houver previsão no contrato original. A empresa prestadora de serviços que subcontratar outra empresa para a execução do serviço é corresponsável pelas obrigações trabalhistas da subcontratada.

Quanto à responsabilidade da contratante, o projeto de lei estabelece a responsabilidade solidária da contratante em relação às obrigações trabalhistas e previdenciárias devidas pela contratada.

Assim, o trabalhador pode demandar judicialmente tanto a contratada quanto a contratante.

A tomadora de serviços deve acompanhar a fiscalização do pagamento da remuneração; das férias; do vale-transporte; do Fundo de Garantia do Tempo de Serviço (FGTS); e das obrigações trabalhistas

---

(108) Senado Federal - <www.senado.gov.br/atividade/materia>. Acesso em: 19.maio.2015.

e previdenciárias dos empregados da contratada. O texto prevê ainda que, no caso de subcontratação, permitida para serviços técnicos especializados, as regras sobre a responsabilidade vão se aplicar tanto à contratante no contrato principal quanto àquela que subcontratou os serviços.

O projeto de lei cuida de requisitos para o funcionamento da empresa prestadora de serviços, entre os quais destacamos o capital social compatível com o número de empregados. Os contratos de prestação de serviços deverão prever o fornecimento de garantia, por parte da contratada, de 4% do valor do contrato. Para contratos nos quais o valor de mão de obra seja igual ou superior a 50% do total, o limite da garantia será 1,3 vezes o valor equivalente a um mês de faturamento.

O projeto de lei estabelece que a empresa contratante deve garantir as condições de segurança e saúde dos trabalhadores terceirizados. Quando for necessário treinamento específico, a contratante deverá exigir da prestadora de serviços respectivo certificado de capacitação do trabalhador para a execução do serviço ou fornecer o treinamento adequado antes do início do trabalho.

A contratante pode estender ao trabalhador terceirizado os benefícios oferecidos aos seus empregados, como atendimento médico e ambulatorial e refeições.

Outro aspecto da proposição é que o recolhimento da contribuição sindical compulsória deve ser feito à entidade representante da categoria profissional correspondente à atividade terceirizada. Aumenta-se, dessa forma, o poder de negociação com as entidades patronais, bem como é favorecida a fiscalização quanto à utilização correta da prestação de serviços.

Em relação à sindicalização, fica mantido o trecho do texto-base que prevê a filiação dos empregados terceirizados ao mesmo sindicato da contratante apenas se ambas as empresas pertencerem à mesma categoria econômica. Entretanto, excluiu-se do projeto de lei a necessidade de se observarem os respectivos acordos e convenções coletivas de trabalho.

Além de manter a possibilidade de terceirização da atividade-fim, o projeto de lei estabelece o prazo de 12 (doze) meses à quarentena que o ex-empregado de uma empresa deve cumprir para que possa oferecer serviços à mesma empresa no âmbito de uma contratada de terceirização. Os aposentados não precisarão cumprir o mencionado prazo.

Se ocorrer troca da empresa prestadora dos serviços terceirizados com a admissão de empregados da antiga contratada, os salários e direitos do contrato anterior deverão ser garantidos. Se o fim do contrato coincidir com o fim do período anual de aquisição de férias, os trabalhadores terão de tirá-las nos últimos seis meses desse período. A Consolidação das Leis do Trabalho (CLT) não permite isso normalmente e o projeto cria essa exceção. Caso a rescisão ocorra antes de completado o período aquisitivo de férias, elas deverão ser compensadas quando da quitação das verbas rescisórias.

O projeto de lei determina que, nos contratos de terceirização não sujeitos à retenção na fonte de 11% da fatura – prevista na Lei n. 8.212/91 para serviços de limpeza ou segurança, por exemplo – ou às alíquotas relativas à desoneração da folha de pagamentos, a contratante será obrigada a reter o equivalente a 20% da folha de salários da contratada, descontados da fatura. Ainda, o projeto de lei diminui o recolhimento antecipado do Imposto de Renda na fonte de 1,5% para 1% para empresas de terceirização dos serviços de limpeza, conservação, segurança e vigilância.

Por fim, o projeto de lei determina às empresas sujeitas ao cumprimento de cota de contratação de trabalhadores com deficiência a seguirem essa cota segundo o total de empregados próprios e terceirizados.

Sendo assim, a aprovação do Projeto de Lei n. 4.330/2004 (PLC 30/2015), que trata da terceirização de mão de obra, com a redação proposta pela Câmara dos Deputados, significará evidente retrocesso social e ofensa aos Direitos Fundamentais mínimos dos trabalhadores, insculpidos na Constituição Brasileira.

A Carta Magna de 1988 reconheceu a essencialidade do trabalho como um dos instrumentos mais importantes de afirmação da dignidade do trabalhador, seja no âmbito de sua individualidade como ser humano, seja em seu contexto familiar e social.

O Projeto de Lei n. 4.330/2004 apenas regulamentará a ilicitude das contratações por multifárias terceirizações que fitam, em grande monta, apenas precarizar direitos trabalhistas. De fato, assiste-se a um influxo constante e cada vez mais intenso de imposições econômicas que repercutem no cenário juslaboral com insistente pressão para reduzir direitos dos trabalhadores.

Com isso, em uma rede de intercalações, o trabalhador se vê lançado dentro de um sistema produtivo, para, quase sempre, desenvolver a atividade nuclear de uma empresa. Na Justiça do Trabalho, cotidianamente, deparamo-nos com diversas prestadoras de serviços que quebram e deixam irrisório patrimônio, e, por certo, prejudicando os trabalhadores.

Com a aprovação do Projeto de Lei n. 4.330/2004, viveremos em um mundo de milhões de prestadores de serviços. Quem quiser comprar um carro, bastará ligar para o serviço de *telemarketing*, de maneira que a montadora ou a concessionária desenvolverão o seu objeto social sem "vendedores". Os Bancos, por sua vez, oferecerão seus títulos, empréstimos, cartões, enfim, todo o tipo de produto por meio de prestadores de serviços. Se o serviço de telefonia tem algum problema, ao prestador de serviço caberá processar a solução. As marcações de consultas em hospitais não fugirão dessa regra.

Enfim, poder-se-ia citar, exaustivamente, vários exemplos de um quadro de exagero, em que diversas atividades nucleares (ajustadas diretamente ao objeto social) das empresas serão terceirizadas sem limites. O trabalhador terceirizado que presta serviço para o contratante não possui vínculo com este e, em muitas vezes, nem sequer conhece seu próprio empregador. Não se ajusta, contudo, ao sistema juslaboral, nem constitucional, essa exacerbação de terceirizações com a aprovação do Projeto de Lei n. 4.330/2004.

Dessa forma, chegaríamos à situação por permitir que tomadoras de serviços desenvolvessem sua atividade empresarial sem ter em seus quadros nenhum empregado, e sim, apenas trabalhadores terceirizados.

Flagrante é o objetivo do legislador de desvirtuar a aplicação dos preceitos trabalhistas, com o nítido propósito de precarizar ainda mais a mão de obra no Brasil, reduzindo os custos e despesas na contratação direta de empregados.

O Direito do Trabalho não pode se afastar da missão histórica de proteger o trabalho humano. Se a terceirização tiver por objetivo prejudicar e precarizar, deve ser prontamente repelida. Uma nação só pode ser justa se for capaz de crescer respeitando os princípios constitucionais e o trabalho digno. Não se pode excluir o trabalhador do processo histórico em que se engajou. Sua atividade é tão importante quanto à do capital.

3.3 – O Ativismo Judicial e a Súmula n. 331 do Tribunal Superior do Trabalho

Os direitos sociais trabalhistas sofreram forte alteração com a globalização e modificação do processo produtivo. A terceirização se apresenta como um fenômeno integrante do movimento de flexibilização das relações de trabalho e não tem, ainda, regulamentação legislativa, tornando-se, assim, essa forma de contratação um tema aberto.

Sendo assim, a questão passou a ser enfrentada na jurisprudência do colendo Tribunal Superior do Trabalho, primeiramente pela Súmula 256[109], que vedava a contratação de empresa interposta, e, a partir de 1993, pela Súmula 331, que sustentou o cabimento da terceirização.

No acórdão que deu origem ao Enunciado 256 (RR 3.442.84), no qual foi relator o Ministro Marco Aurélio, ficou evidenciado que a contratação de empresa interposta só poderia ser admitida em casos excepcionais[110].

Com a cristalização da Corte Superior Trabalhista sobre o procedimento da terceirização, houve o reconhecimento de sua validade, sob determinado parâmetro, o que conferiu não apenas visibilidade jurídica à prática administrativa, como aquietou as indagações sobre a regularidade de sua adoção e traçou uma linha demarcatória para os procedimentos legais e ilegais.

Dessa forma, destacamos o papel do Poder Judiciário na implementação dos valores estabelecidos na Constituição Federal. Neste cenário, fala-se em ativismo judicial, tornando-se o Poder Judiciário o depositário das expectativas dos cidadãos quanto às promessas constitucionais.

O conceito de ativismo judicial está associado a uma participação mais ampla e intensa do Poder Judiciário na concretização dos valores e fins constitucionais com maior interferência no espaço de atuação dos outros dois Poderes da República.

O ativismo judicial é uma atitude, a escolha de um modo específico e proativo de interpretar a Constituição Federal, expandindo o seu conteúdo e alcance. Normalmente o ativismo judicial se instala em situações de retração do Poder Legislativo, de certo descolamento entre a classe política e a sociedade civil, impedindo que as demandas sociais sejam atendidas de maneira efetiva.

Portanto, por ativismo judicial deve-se entender o exercício da função jurisdicional para além dos limites impostos pelo próprio ordenamento que incumbe, institucionalmente, ao Poder Judiciário fazer atuar, resolvendo litígios de feições subjetivas (conflitos de interesses) e controvérsias jurídicas de natureza objetiva (conflitos normativos). Importa salientar que não há uma atividade legislativa do Poder Judiciário, pois sua incursão sobre o núcleo dos demais Poderes tem por

---

(109) Súmula 256 do C. TST – Salvo os casos de trabalho temporário e de serviço de vigilância, previstos nas Leis ns. 6.019, de 03.01.1974, e 7.102, de 26.06.1983, é ilegal a contratação de trabalhadores por empresa interposta, formando-se o vínculo empregatício diretamente com o tomador de serviços.
(110) MARTINS, Sergio Pinto, *A terceirização e o direito do trabalho*, cit., p. 109.

objetivo a solução de litígios com o escopo de conferir densidade aos valores constitucionais e promover a realização dos direitos fundamentais[111].

Admitindo que a nova ordem constitucional promove o ativismo judicial, assinala-se que as relações laborais na terceirização de serviços provocam sua ocorrência, uma vez que não há disciplina legislativa de seu alcance e efeitos nos contratos de trabalho.

Assim, o colendo Tribunal Superior do Trabalho lançou as diretrizes jurídicas da terceirização, editando, a partir de 1993, a Súmula 331.

Na análise dos temas tratados no vigente verbete sumular, verifica-se que o primeiro item firma o princípio genérico de que a contratação de trabalhadores por empresa interposta é ilegal. Por isto, o vínculo se forma diretamente com a empresa tomadora de serviços[112].

Sendo assim, se a interposição se faz nas diretrizes estabelecidas na Lei n. 6.019/74, não há vínculo de emprego com o tomador de serviços. Porém, se a interposição é realizada por simples intermediação, a relação de emprego se constituirá com o tomador de serviços.

O item I da Súmula 331 faz referência à Lei n. 6.109/74 para referendar a intermediação nas hipóteses nela previstas: necessidade transitória de substituição de seu pessoal regular e permanente ou acréscimo extraordinário de serviço.

O segundo item da Súmula 331 afirma que a contratação irregular de trabalhador, mediante empresa interposta, não gera vínculo de emprego com os órgãos da Administração Pública direta, indireta ou fundacional. Ademais, o artigo 37, II, da Constituição Federal exige concurso público para a investidura em cargo ou emprego público. Isto significa que, pelo sistema jurídico brasileiro, a forma de acesso a cargo e emprego público é por meio de concurso[113].

O terceiro item da Súmula 331 exclui da formação de vínculo de emprego com o tomador de serviços os trabalhadores que prestam serviço de vigilância (Lei n. 7.102/83), serviço de conservação e limpeza, bem como serviços especializados inerentes à atividade-meio do tomador, desde que inexistente a pessoalidade e a subordinação direta[114].

---

(111) BARROSO, Luis Roberto, *O direito constitucional e a efetividade de suas normas*. Limites e Possibilidades da Constituição Brasileira, 9. ed.; Rio de Janeiro: Renovar, 2009. p. 203-215.
(112) Súmula 331, I - A contratação de trabalhadores por empresa interposta é ilegal, formando-se o vínculo diretamente com o tomador dos serviços, salvo no caso de trabalho temporário (Lei n. 6.019/74).
(113) Súmula 331, II - A contratação irregular de trabalhador, mediante empresa interposta, não gera vínculo de emprego com os órgãos da Administração Pública direta, indireta ou fundacional (artigo 37, II, da CF/88).
(114) Súmula 331, III – Não forma vínculo de emprego com o tomador a contratação de serviços de vigilância e de conservação e limpeza, bem como a de serviços especializados ligados à atividade-meio do tomador, desde que

A Lei n. 7.102/83, objetivando a segurança pública, condicionou o funcionamento de estabelecimento financeiro em que haja guarda de valores ou movimentação de numerário a sistema de segurança aprovado pelo Ministério da Justiça. Para as instituições financeiras o sistema de segurança é obrigatório. Portanto, não há alternativa: ou ela contrata empresa especializada ou institui o próprio sistema, para que possa funcionar na legalidade.

Ainda, existe a exclusão dos serviços de conservação e limpeza. A exceção demonstra a tendência da empresa moderna de selecionar e depurar atividades, delegando ou contratando serviços, reduzindo as empresas a um núcleo de atividades, que ela considera num determinado momento como principais.

E mais, no item em questão a Súmula não apenas interpretou, mas criou condições novas. Vendo que a enumeração concreta era impossível, o Poder Judiciário limitou-se a apontar dois exemplos (conservação e limpeza) para depois generalizar para a enunciação ampla (serviços especializados) ligados à atividade-meio do tomador de serviços, mas desde que inexistentes os requisitos da pessoalidade e subordinação direta.

A jurisprudência e a doutrina nunca forneceram critérios seguros para o conceito de serviço especializado. Especialização e meio, na atividade econômica, são conceitos instrumentais que podem variar de empresa para empresa ou de atividade para atividade. O que é hoje especializado pode tornar-se genérico e o que é fim pode se transformar em meio para a obtenção de uma nova finalidade.

Se a discussão for levada para o interior da empresa para, por meio de raciocínio dedutivo, distinguir entre atividade-meio e atividade-fim, ou entre serviços especializados e genéricos, cairemos nas mesmas perplexidades insolúveis, que não podem ser mensuráveis em termos decisórios, a não ser com grande dose de arbítrio e discriminação[115].

Ainda, nos contratos de terceirização, a relação não se perfaz num resultado, mas sim numa conduta, ou seja, numa obrigação de fazer, que se repete permanentemente por meio do comportamento do trabalhador. Para dirigir a conduta do trabalhador tem de haver certa hierarquia que não chega a configurar subordinação. Para que se passe da relação de trabalho à relação de emprego, é preciso que intensifique a subordinação que caracteriza o contrato de emprego. Quando a prestação de serviços ou uma atividade deixam de ser autônomas para se tornarem subordinadas, só o caso concreto, as provas e a convicção do julgador podem determinar[116].

---

inexistente a pessoalidade e a subordinação direta.
(115) SILVA, Antonio Álvares, *Globalização e Terceirização*, 1. ed.; São Paulo: LTr, 2011. p. 77.
(116) CASTRO, Maria do Perpétuo Socorro, *Terceirização* – Uma Expressão do Direito Flexível do Trabalho na Sociedade Contemporânea, 1. ed.;, São Paulo: LTr, 2014. p. 143.

O quarto item da Súmula 331 estabelece que o inadimplemento das obrigações trabalhistas, por parte do empregador, implica a responsabilidade subsidiária do tomador de serviços quanto àquelas obrigações, desde que haja participado da relação processual e conste também do título executivo judicial, com o escopo de prestigiar a observância dos princípios do contraditório e ampla defesa[117].

As decisões proferidas no Poder Judiciário vêm encontrando efetividade ao assegurarem os pagamentos das verbas trabalhistas por meio do reconhecimento da responsabilidade subsidiária da empresa contratante. Essa responsabilidade, delineada na teoria das obrigações, tem recebido um enfoque calcado no contrato civil, no vínculo entre as empresas.

O quinto item da Súmula 331 foi recentemente alterado na Sessão do Pleno do Tribunal Superior do Trabalho, ocorrida em 24.05.2011, em decorrência da declaração de constitucionalidade do § 1º do artigo 71 da Lei n. 8.666/93 pelo Supremo Tribunal Federal.

Em decorrência da procedência da Ação Declaratória de Constitucionalidade n. 16 pelo Supremo Tribunal Federal, reconheceu-se que a anterior redação da Súmula 331 do Tribunal Superior do Trabalho, ao afastar a aplicação do artigo 71, § 1º, da Lei n. 8.666/93, violou a cláusula de reserva de plenário, de modo que foi determinado o retorno dos processos ao Tribunal Superior do Trabalho para novo julgamento referente à responsabilidade subsidiária da Administração Pública.

Assim, o Tribunal Superior do Trabalho alterou a redação do quinto item da Súmula 331 para constar a necessidade de averiguação da conduta culposa da Administração Pública no tocante ao cumprimento das obrigações decorrentes da Lei n. 8.666/93, especialmente os requisitos da fiscalização do cumprimento das obrigações contratuais e legais da prestadora de serviço[118].

Verifica-se, portanto, que a partir da decisão proferida em sede da Ação Declaratória de Constitucionalidade n. 16 pelo Supremo Tribunal Federal, as reclamatórias trabalhistas que envolvem a Administração Pública como tomadoras de serviços exigirão uma maior dilação probatória referente à fiscalização da empresa contratada com relação ao cumprimento de suas obrigações na qualidade de empregadora.

---

(117) Súmula 331, IV - O inadimplemento das obrigações trabalhistas por parte do empregador, implica a responsabilidade subsidiária do tomador de serviços quanto àquelas obrigações, desde que haja participado da relação processual e conste também do título executivo judicial.

(118) Súmula 331, V - Os entes integrantes da Administração Pública direta e indireta respondem subsidiariamente, nas mesmas condições do item IV, caso evidenciada a sua conduta culposa no cumprimento das obrigações da Lei n. 8.666/93, especialmente na fiscalização do cumprimento das obrigações contratuais e legais da prestadora de serviço como empregadora. A aludida responsabilidade não decorre de mero inadimplemento das obrigações trabalhistas assumidas pela empresa regularmente contratada.

Em realidade, não houve mudança significativa em decorrência da declaração de constitucionalidade do § 1º do artigo 71 da Lei n. 8.666/93 pelo Supremo Tribunal Federal. Isto porque o Tribunal Superior do Trabalho e o restante dos tribunais trabalhistas poderão continuar responsabilizando subsidiariamente a Administração Pública pelos encargos trabalhistas decorrentes de contrato de terceirização. Contudo, o procedimento outrora adotado pelos Juízes do Trabalho, de aplicar automaticamente o enunciado da Súmula 331 nos casos de processos envolvendo terceirização de serviços pelo ente público, deverá ser alterado, de modo que seja verificada a existência da culpa daquela pela omissão na fiscalização da empresa contratada.

O sexto e último item da Súmula 331 estabelece que a responsabilidade subsidiária do tomador de serviços abrange todas as verbas decorrentes da condenação referentes ao período da prestação laboral[119].

Sendo assim, a responsabilidade subsidiária do tomador de serviços está limitada apenas às obrigações de natureza condenatória. Não foram, portanto, contempladas em seu alcance as obrigações de fazer ou não-fazer, como as situações existenciais que envolvem reintegração, embora se possa lançar o dardo mais além para incluir os salários do período entre a dispensa e a impossibilidade de restauração do vínculo. A responsabilidade subsidiária aplicada como destinada à natureza condenatória da decisão está restrita à obrigação pecuniária.

A obrigação de dar e a obrigação de fazer devem receber tratamento igual de que decorra a efetividade das decisões e a observância do conteúdo protetor que particulariza o Direito do Trabalho, com a garantia ao trabalhador do recebimento, em qualquer circunstância, da exata prestação que lhe foi reconhecida em sede judicial, por ela respondendo o empregador e, em seu inadimplemento, o tomador de serviços[120].

---

(119) Súmula 331, VI - A responsabilidade subsidiária do tomador de serviços abrange todas as verbas decorrentes da condenação referentes ao período de prestação laboral.
(120) SILVA, Antonio Álvares, *Globalização e Terceirização*, cit., p. 105.

CAPÍTULO IV

RESPONSABILIDADE CIVIL DO TOMADOR DE SERVIÇOS

A responsabilidade civil se configura, segunda a teoria clássica, em três pressupostos: dano, culpa e a relação de causalidade entre o fato culposo e o mesmo dano.

Entretanto, nos primórdios da humanidade, não era possível obtemperar o fator culpa, uma vez que o dano provocava uma reação imediata do ofendido e da coletividade envolvida, já que nessa sociedade não imperava o Direito. Dominava, na verdade, a vingança privada, hoje denominada autotutela[121].

Nesse primeiro estágio, ainda não se podia falar em reparação, posto que inexistia a intenção de reparar a ofensa com a restituição do estado anterior. Muito pelo contrário, após a vingança, passavam a existir duas vítimas e dois ofensores.

A Jurista Maria Helena Diniz assevera que[122]:

> Nos primórdios da civilização, dominava a vingança coletiva, na reação conjunta do grupo contra o agressor, em razão da ofensa de um de seus componentes. Posteriormente, essa reação evoluiu para a esfera individual, na vingança com as próprias mãos, amparada pela Lei de Talião, o que se traduzia pela reparação do mal pelo mal, sintetizada nas fórmulas olho por olho, dente por dente. O Poder Público apenas intervinha para declarar quando e como a vítima poderia ter direito a retaliação, produzindo, no ofensor, dano idêntico ao que ela havia experimentado.

Mais adiante, já existindo uma autoridade soberana, o legislador veda à vítima fazer justiça pelas próprias mãos, passando a existir uma composição obrigatória e, além disso, tarifada, presente na Lei das XII Tábuas[123].

Veja-se que a Lei das XII Tábuas determinava um valor para a composição obrigatória, regulando casos concretos, sem haver, ainda, um princípio geral que regulasse a responsabilidade civil.

---

(121) MANHABUSCO, José Carlos e MANHABUSCO, Gianncarlo Camargo, *Responsabilidade objetiva do empregador*, 2. ed.; São Paulo: LTr, 2010. p. 42.
(122) DINIZ, Maria Helena, *Curso de direito civil brasileiro* – Responsabilidade Civil, 7. ed.; São Paulo: Saraiva, 2004. p. 10.
(123) BELMONTE, Alexandre Agra, *Instituições civis no direito do trabalho*, 4. ed.; Rio de Janeiro: Renovar, 2009. p. 500.

A Lei das XII Tábuas representou a primeira manifestação de limitação ao direito de vingança e constituiu significativo avanço com a intervenção do Poder Público para legalizá-lo, ao definir os casos em que seria permitido, ou excluir quando desnecessário, e evoluiu, mais tarde, para a possibilidade de ser fixada uma pena.

A diferenciação entre pena e reparação, entretanto, somente começou a ser esboçada ao tempo dos romanos, com a distinção entre os delitos públicos (ofensas mais graves, de caráter perturbador da ordem) e os delitos privados. Nos delitos públicos, a pena econômica imposta ao réu deveria ser recolhida aos cofres públicos, e, nos delitos privados, a pena em dinheiro cabia à vítima. O Estado percebeu que certos delitos, indiretamente, lhe atingiam, e não só a vítima individualmente considerada, razão pela qual, passou a definir não só a reparação, mas também a executá-la.

O Estado assumiu a função de punir. A ação repressiva passou para o Estado e surgiu a ação de indenização. A responsabilidade civil tomou lugar ao lado da responsabilidade penal. Tanto é assim que se encontra na Lei Aquília, de origem romana, a fonte direta da moderna concepção de culpa aquiliana. Foi a primeira regra a estabelecer um princípio geral sobre a responsabilidade civil, sem as características, obviamente, da forma como o Direito Contemporâneo se apresenta[124].

É incontestável, entretanto, que a evolução do instituto da responsabilidade extracontratual ou aquiliana se operou, no Direito Romano, no sentido de introduzir o elemento subjetivo da culpa, expurgando-se do direito a ideia de pena, para substituí-la pela reparação do dano sofrido.

A estrutura da responsabilidade extracontratual passa a contemplar o conceito geral de reparação e somente passa a ser perfeitamente compreendida quando os juristas equacionaram que o seu fundamento residia na quebra do equilíbrio contratual provocado pelo dano, operando-se a transferência do enfoque da culpa, como fenômeno centralizador da indenização, para a noção de dano.

Assim, a teoria da responsabilidade civil moderna teve sua origem no Direito Romano. Entretanto, foi no Direito Francês que alguns dogmas acerca deste tema se aperfeiçoaram, adotando-se um princípiogeral de responsabilidade civil, em que a culpa, ainda que levíssima, passou a gerar o dever de indenização.

Ocorre nessa época, também, a separação entre a responsabilidade civil e a responsabilidade penal, originando a ideia de culpa

---
(124) CAIRO JUNIOR, José. *O acidente do trabalho e a responsabilidade civil do empregador*, 7. ed.; São Paulo: LTr, 2014. p. 36.

contratual, que decorreria do simples descumprimento de obrigações em decorrência de negligência ou imprudência. Tanto é assim que se incluiu no Código de Napoleão a distinção entre culpa delitual e culpa contratual, o que acabou influenciando a legislação em todo o mundo.

O aspecto psicológico do agente causador do dano, intencional ou na forma de imprudência/negligência, passava a ser levado em consideração pela norma, agora de forma expressa, juntamente com o nexo de causalidade e dano, para a determinação da responsabilidade civil[125].

No Direito Brasileiro, a reparação civil sempre se condicionou à condenação criminal em virtude, essencialmente, da determinação da Constituição do Império que transformou o Código Criminal de 1830 em um código ao mesmo tempo civil e criminal.

Somente posteriormente foi adotado o princípio da independência das duas jurisdições, momento que culminou com o Código Civil de 1916. Observe-se que esse Código filiou-se à teoria subjetiva, exigindo prova da culpa ou dolo do causador do dano para que este seja obrigado a reparar.

Porém, com a chegada do progresso e o consequente desenvolvimento econômico e industrial, os danos multiplicaram-se, nem sempre conseguindo as vítimas obter indenização pelos danos sofridos, diante das dificuldades de comprovarem a culpa do autor do ato ilícito.

O Professor e Ministro do Tribunal Superior do Trabalho Cláudio Brandão traça a evolução do conceito de culpa da seguinte forma[126]:

> A modificação dos acontecimentos da vida em sociedade, como as concentrações da população nos centros urbanos, propiciando a ocorrência de danos, a inserção de novas tecnologias, a produção dos bens em larga escala, dentre outros fatores, tornou insuficiente a teoria clássica da culpa para explicar o dever de reparação. Muitos casos ficavam sem solução, na medida em que não se encontrava base para o dever de responsabilização de quem causara o dano, com fulcro apenas no conceito tradicional da culpa. Essa situação representou o ponto de partida para a construção da teoria da responsabilidade objetiva, cuja base principal residiria na necessidade de se proteger a vítima.

Diante desse panorama passou a ganhar espaço a ideia de uma responsabilidade objetiva, sem assunção de culpa, especialmente

---
(125) BELMONTE, Alexandre Agra, *Instituições civis no direito do trabalho, cit.*, p. 504.
(126) BRANDÃO, Cláudio, *Acidente do trabalho e responsabilidade civil do empregador, cit.*, p. 216.

no campo relacionado aos acidentes de trabalho. Seu ingresso no sistema, contudo, não substituiria a teoria da culpa, sendo aplicada apenas a casos em que a teoria clássica se revelasse insuficiente para proporcionar maior proteção ao ofendido[127].

Não se pode, contudo, deixar de observar que esse processo de evolução pelo qual passou a teoria da responsabilidade civil não se deu de forma repentina. Ao contrário, ocorreu de forma gradativa, cuja síntese tem início com o acolhimento pelos tribunais de uma maior facilidade na prova da culpa, que evoluiu para a admissão da culpa presumida, com a inversão do ônus da prova; em seguida, com a ampliação dos casos de responsabilidade contratual para, finalmente, reconhecer-se o dever de reparação independente da noção de culpa.

A teoria da responsabilidade objetiva veio corresponder à ideia de socialização da noção do risco a ser suportado por pessoa distinta daquela que resultaria da aplicação da regra geral prevista no Direito das Obrigações, segundo a qual permanece, em regra, como credor.

No que tange à evolução e aplicação da teoria da responsabilidade objetiva, destacamos os ensinamentos do Professor José Affonso Dallegrave Neto[128]:

> É inegável que a teoria subjetiva da culpa foi criada e aceita de forma absoluta até o século XIX, época do Estado Liberal e de seu Positivismo Jurídico. Em momento posterior, com o advento do Estado Social. No início do século XX, a doutrina e a jurisprudência passaram a analisar o instituto da responsabilidade civil sob outra ótica. Dessa feita, em vez de manifestar preocupação de vincular a indenização ao ato ilícito, passou-se a priorizar o ressarcimento do dano: a vítima, antes colocada num plano secundário, passa a ser vista como sujeito prioritariamente tutelado. De consequência, rompe-se o dogma positivista segundo o qual somente é indenizável o dano causado pela culpa demonstrada pelo ofensor. A opção em tutelar a vítima é emblemática, a fim de demonstrar o novo paradigma da ordem jurídica, orientada no solidarismo constitucional (artigo 3º, I, CF/88), que objetiva tutelar a dignidade do trabalhador visto como ser humano (artigo 1º, III, CF/88), propugnando pela função social da empresa e pela restauração da justiça comutativa quebrada pela superveniência de

---

(127) SANTOS, Enoque Ribeiro, *Responsabilidade objetiva e subjetiva do empregador*, 2. ed.; São Paulo: LTr, 2008. p. 40.
(128) DALLEGRAVE NETO, José Affonso, *Responsabilidade civil no direito do trabalho*, 5. ed.; São Paulo: LTr, 2015. p. 130.

danos contratuais (artigo 5º, X, CF/88 e artigo 944 do Código Civil). Consolidada no Estado Social do século XX, a teoria objetiva tornou-se cientificamente autônoma, porém, não foi capaz de se sobrepor à teoria subjetiva, ficando reservada aos casos especiais de indenização sem culpa".

É neste cenário que surgem normas constitucionais e infraconstitucionais em defesa do meio ambiente de trabalho seguro e adequado e à saúde do trabalhador, que preveem casos de responsabilidade objetiva[129].

4.1 – Responsabilidade Civil. Conceito. Finalidade. Espécies.

A responsabilidade civil representa o dever de ressarcir ou de compensar, imposto àquele que, por ação ou omissão, por fato próprio, de terceiro, ou de coisas dele dependentes, provoque a diminuição ou alteração no patrimônio material ou moral de alguém.

A Professora Maria Helena Diniz afirma que[130]:

> O instituto em análise atende a uma necessidade moral, social e jurídica de garantir a segurança da vítima, violada pelo autor do prejuízo. A obrigação de indenizar, dela decorrente, visa a suprimir a diferença entre a situação do credor, tal como esta se apresenta em consequência do prejuízo, e a que existiria sem este último fato.

É, portanto, a obrigação, genericamente considerada, atribuída a toda pessoa física ou jurídica, de reparar o dano causado, em virtude de sua ação ou omissão, caracterizadora da violação de um dever jurídico preexistente.

A responsabilidade civil, em geral, se fundamenta na prática de um ato ilícito. Entretanto, na responsabilidade por danos ao meio ambiente tanto faz se o ato é lícito ou ilícito. O que importa é a existência de um ato danoso para que seu causador arque com os prejuízos decorrentes[131].

A finalidade da responsabilidade civil é garantir o direito do lesado à segurança mediante pleno ressarcimento dos danos que sofreu, restabelecendo-se na medida do possível o *status quo ante*, atendendo a uma necessidade moral, social, jurídica e de justiça, com o intuito de restaurar o equilíbrio patrimonial ou moral violado.

---

(129) FREITAS JUNIOR, Antônio Rodrigues, *Responsabilidade civil nas relações de trabalho*, 1. ed.; São Paulo: LTr, 2011. p. 147-151.
(130) DINIZ, Maria Helena, Curso de Direito Civil Brasileiro – *Responsabilidade Civil, cit.*, p. 14.
(131) GARCIA, Gustavo Filipe Barbosa, *Meio ambiente do trabalho, cit.*, p. 125.

A reparação do dano deve ocorrer mediante o retorno das coisas ao estado anterior em que se encontravam antes do evento danoso ou, quando não for possível essa reposição, converte-se a reparação no pagamento de uma indenização em valor o mais próximo possível ao bem material e, em se tratando de dano não patrimonial, impõe-se um valor compensatório do bem violado, como é o caso do dano moral.

Considerando que um dos objetivos principais deste trabalho é a definição da natureza da responsabilidade civil do tomador de serviços ao meio ambiente de trabalho seguro e adequado, urge apresentar as principais classificações da responsabilidade civil.

4.1.1 – Responsabilidade Civil Contratual e Extracontratual

A responsabilidade civil extracontratual, ou também conhecida como aquiliana, é aquela decorrente de um dever geral previsto na lei ou na ordem jurídica, uma vez que não há vínculo anterior entre as partes.

Ao contrário, a chamada responsabilidade civil contratual é aquela proveniente de um contrato mantido previamente entre as partes (ofensor e vítima), a qual pode se manifestar de forma objetiva (sem culpa), quando o dano do empregado decorrer da simples, regular e ordinária execução do contrato (risco econômico assumido pelo empregador), ou, como geralmente sucede, de forma culposa, em face da inexecução de obrigação principal, secundária ou de um dever anexo de conduta.

Sendo assim, na responsabilidade contratual o dever de indenizar nasce de um contrato firmado entre as partes, sendo que este pode ser expresso ou tácito. Já na responsabilidade extracontratual não há qualquer contrato celebrado entre as partes, nascendo o dever de indenizar com o descumprimento de algum dever legal.

No caso de acidente de trabalho, existe uma situação jurídica entre o autor do dano (empregador) e a vítima (empregado), ligados por um contrato de trabalho que contém cláusulas explicitadas no próprio instrumento e outras que constam do ordenamento jurídico positivo do país, que integram o pacto de trabalho como direitos fundamentais do trabalhador.

Outra diferença pontual entre a responsabilidade extracontratual e a contratual reside no ônus da prova, pois nesta, diferentemente daquela, na relação jurídica entre o empregado e o empregador, o obreiro somente precisa demonstrar a ocorrência do dano e seu prejuízo, ficando a cargo do empregador a prova da ocorrência de uma das excludentes estabelecidas na lei, para que não seja responsabilizado.

Na responsabilidade contratual há um dever positivo de adimplemento do objeto do contrato, enquanto na extracontratual ou aquiliana é indispensável que o autor da ação invoque e comprove o dever negativo da parte contrária quanto ao comando legal que sustenta ter sido violado.

O contrato de trabalho, pelo qual o trabalhador vende sua força de trabalho e o empregador responsabiliza-se pela assunção, entre outras obrigações de manter a integridade física e psíquica daquele em função do trabalho e do contrato que os une é exemplo clássico de responsabilidade contratual[132].

Com efeito, o acidente do trabalho decorrente do não cumprimento de normas de segurança e prevenção caracterizará inexecução de obrigação legal e contratual. O ônus da prova será invertido nessas situações, seja pela aplicação do princípio da aptidão para a prova, seja porque a obrigação estava revestida de força legal, seja porque a inexecução contratual importa presunção de culpa do agente[133].

Em igual sentido caminha a jurisprudência acerca do tema:

> Nos termos do artigo 389 do C.C./2002, na responsabilidade contratual, para obter reparação por perdas e danos, o contratante não precisa demonstrar a culpa do inadimplemento, bastando a prova de descumprimento do contrato. Dessa forma, nos acidentes de trabalho, cabe ao empregador provar que cumpriu seu dever contratual de preservação da integridade física do empregado, respeitando às normas de segurança e medicina do trabalho. Em outras palavras, fica estabelecida a presunção relativa de culpa do empregador. (STJ, Resp. n. 1.067.738, Rel. Min. Nancy Andrigui, DJU 25.06.2009).

> Nos acidentes de trabalho, cabe ao empregador comprovar o cumprimento do dever contratual de preservação da integridade física do empregado, respeitando as normas de segurança e medicina do trabalho, estabelecendo a presunção relativa de culpa da empresa. Tratando-se de acidente ocorrido com o trabalhador em atividade de risco, inverte-se o ônus da prova contra a empregadora, a quem incumbe demonstrar de forma concreta a adoção de todas as medidas preventivas contra a ocorrência do acidente, pois nessa hipótese, e pela própria função do trabalhador – eletricista, a culpa empresarial é presumida. Não se desincumbindo desse encargo, deve ser responsabilizada pelos danos sofridos pelo trabalhador acidentado. Recurso provido. (TRT – 24ª Região, RO 69700-45.2009.5.24.0005, 2ª Turma, Rel. Des. Francisco das C. Lima Filho, DJ 24.08.2010).

Nesse sentido, é a correta afirmação do Professor Raimundo Simão de Melo[134]:

> O empregador, no caso de acidente decorrente de condição insegura, deverá, para se isentar da condenação, comprovar

---

(132) MANHABUSCO, José Carlos e MANHABUSCO, Gianncarlo Camargo, *Responsabilidade objetiva do empregador*, cit., p. 54.
(133) DALLEGRAVE NETO, José Affonso, *Responsabilidade civil no direito do trabalho*, cit., p. 102.
(134) MELO, Raimundo Simão, *Direito ambiental do trabalho e a saúde do trabalhador*, cit., p. 381.

que cumpriu as obrigações contratuais no que diz respeito às normas de segurança e medicina do trabalho, pois na responsabilidade contratual, que é o caso, a culpa é presumida, porque há um dever positivo de adimplemento do objeto do contrato.

Sendo assim, em se tratando de obrigações legais de segurança e medicina do trabalho, expressamente previstas em lei, o ônus da prova se inverte, recaindo sobre o empregador. Cabe a este, para elidir sua responsabilidade, comprovar que observou integralmente as normas de saúde e segurança ou demonstrar que o acidente foi causado por culpa exclusiva da vítima.

Registre-se que o chamado solidarismo constitucional, previsto nos artigos 3º, III, e 170, III, ambos da Constituição Federal, reforça tanto o alargamento dos casos de responsabilidade objetiva quanto os casos de presunção de culpa ou mesmo inversão do ônus probatório.

Ainda, deve-se registrar a existência de situações em que a responsabilidade do empregador será objetiva, também por força da relação contratual de emprego, diante da existência do acidente do trabalho em razão de descumprimento de normas de segurança ambientais e do dano daí decorrente.

O Direito Civil Brasileiro adotou a teoria dualista, procurando distinguir e disciplinar as duas espécies de responsabilidade. Nos artigos 186 a 188 e 927, o Código Civil aborda a responsabilidade extracontratual; da contratual trata o artigo 389 e seguintes. Mas não há como se fazer uma distinção estanque entre as duas modalidades de responsabilidade, como, realmente, não o fez o Código Civil.

A título de esclarecimento, a terceirização não estabelece entre o tomador de serviços e o empregado da empresa terceirizada uma relação contratual. A imposição de responsabilidade do tomador de serviços, na hipótese de reparação de danos por acidente do empregado na empresa terceirizada não tem fundamento em obrigação contratual, mas sim do ordenamento jurídico.

Por derradeiro, registre-se a existência dos deveres de conduta anexos, laterais ou acessórios, que não dizem respeito a prestações específicas, mas são revelados apenas na medida em que sejam necessários para a realização das finalidades da própria relação obrigacional, em atenção a uma unidade funcional. Tais deveres têm sua origem e são informados pela boa-fé objetiva, representada pela lealdade que orienta o comportamento dos sujeitos da relação obrigacional, sobretudo aquela duradoura e complexa, como ocorre no caso do contrato de trabalho. Dentre os deveres anexos no contrato de trabalho, especialmente no que tange ao cumprimento de normas de segurança de trabalho, destacamos os deveres de proteção, de esclarecimento e de lealdade.

4.1.2 – Responsabilidade Civil e Penal

Quando o ato ilícito atinge diretamente o particular, é cabível uma reparação civil. Caso contrário, quando a ofensa alcança a sociedade, de forma direta, exteriorizada por uma norma penal, aplicar-se-ão as regras de responsabilidade penal.

É óbvio que, em ambos os casos, tanto a sociedade quanto o próprio indivíduo são vítimas do ultraje. Todavia, o ilícito penal atinge o grupamento social com maior intensidade. Prova disso é que, em casos de condenação, a sentença penal faz coisa julgada no cível, dispensando qualquer prova da autoria ou da culpabilidade.

O fato é que, quando se trata de responsabilidade penal, o ofensor poderá responder com sua própria liberdade, ao passo que na responsabilidade civil, seu patrimônio é que servirá de garantia para o restabelecimento da situação anterior. A consequência direta da gravidade da pena é o estabelecimento prévio, por intermédio da lei, dos atos que são considerados ilícitos penais, atendendo ao princípio da legalidade[135].

A responsabilidade civil serve, desse modo, para restabelecer o patrimônio do particular, enquanto a responsabilidade penal visa a restabelecer o equilíbrio social.

4.1.3 – Responsabilidade Civil Solidária e Subsidiária

Responsabilidade civil solidária é aquela compartilhada entre diversas pessoas no mesmo grau de abrangência, no polo passivo ou ativo. É a responsabilidade em que existe mais de um autor ou responsável, sendo que, nesse caso, qualquer um deles pode ser chamado a responder pela obrigação inadimplida.

É uma obrigação múltipla, configurando-se pela presença de mais de uma pessoa em um ou em ambos os polos da relação obrigacional. Pode ser ativa ou passiva, quando concorrem vários credores ou vários devedores[136].

---

(135) CAIRO JUNIOR, José, *O acidente do trabalho e a responsabilidade civil do empregador*, cit., p. 42.
(136) MELO, Raimundo Simão, *Direito ambiental do trabalho e a saúde do trabalhador*, cit., p. 266.

A responsabilidade subsidiária tem aplicação quando o devedor principal não tem condições de arcar com as obrigações inadimplidas, sendo chamado a responder o devedor subsidiário, que se responsabilizará pelo pagamento da quantia devida ao credor.

O responsável subsidiário somente será acionado depois de esgotadas as possibilidades de cobrar a obrigação do devedor principal. É uma obrigação secundária, auxiliar ou supletiva em relação à obrigação principal. A responsabilidade subsidiária somente se aplica em relação ao polo passivo.

Na solidariedade, as responsabilidades situam-se no mesmo plano, igualando-se horizontalmente os corresponsáveis, enquanto na subsidiariedade há uma estratificação vertical, implicando o chamamento sucessivo dos responsáveis, sendo chamado primeiro o principal e depois o subsidiário, num benefício de ordem.

4.1.4 – Responsabilidade Civil Objetiva e Subjetiva

A responsabilidade subjetiva está atrelada à concepção de culpa do agente como fundamento e pressuposto da obrigação de reparar. Dessa forma, se não houver o elemento subjetivo, ou melhor, se não ficar demonstrada a culpa do agente ao ato lesivo, não se há de falar em responsabilidade, ficando a vítima com os prejuízos decorrentes do ato.

É preciso que se demonstre em concreto a vontade querida pelo agente, chamada de dolo, ou a culpa propriamente dita, baseada na negligência, imprudência e imperícia (culpa em sentido estrito).

A teoria subjetiva é a que prevalece em todos os sistemas jurídicos mundiais, à qual se filiou o Código Civil Brasileiro, que, no artigo 186, erigiu o dolo e a culpa como fundamento para a obrigação de reparar o dano.

Entretanto, tal teoria revelou-se insuficiente para garantir o ressarcimento de vários danos. Sendo assim, como abrandamento dessa teoria, admite-se, em determinados casos, a chamada culpa presumida, com a inversão do ônus da prova para o agente. Com o objetivo de eximir aquele que sofreu um dano de provar a culpa do responsável pela conduta, inverte-se o ônus da prova, presumindo-se o comportamento culposo do causador do dano, que, caso queira se eximir da responsabilidade, deverá demonstrar a ausência de culpa[137].

---

(137) SANTOS, Enoque Ribeiro, *Responsabilidade objetiva e subjetiva do empregador*, cit., p. 49.

Observe-se que não se trata, propriamente, de uma nova forma de responsabilização, mas sim de uma mera questão de prova, ou, para ser mais exato, de ônus probatório. O conceito de culpa presumida é apontado como um estágio intermediário da responsabilidade objetiva, fundado numa tendência moderna de contemplar situações em que a teoria da culpa se mostrava insuficiente para atender à necessidade de reparação do dano.

A responsabilidade objetiva passou, a partir da Revolução Industrial, a integrar o ordenamento jurídico de inúmeros países, embora como exceção à regra de responsabilidade subjetiva, pois, como já aludido, é esta que predomina. A responsabilidade objetiva independe da comprovação de culpa por parte do agente. Basta que comprove o dano causado e uma relação de causa e efeito entre este e o ato do réu.

Sendo assim, a responsabilidade objetiva do empregador é uma imputação atribuída por lei a determinadas pessoas de ressarcirem danos provocados por atividades exercidas no seu interesse e sob seu controle, sem que se proceda a qualquer indagação sobre o elemento subjetivo da conduta do agente ou de seus prepostos, bastando a relação de causalidade entre o dano sofrido pela vítima e a situação de risco criada pelo agente.

O fundamento desse tipo de responsabilização não está na conduta do agente, mas no risco que ela pode representar para causar um dano. Como sabemos, há várias atividades que, apesar de lícitas, trazem inerentes a si mesmas um determinado grau de risco.

A teoria da responsabilidade objetiva recebeu um significativo avanço em razão da chamada teoria do risco, segundo a qual aquele que exerce, normalmente, determinada atividade de risco responde pelos danos que essa atividade causar, independentemente de sua culpa ou de seus prepostos.

O Professor e Ministro do Tribunal Superior do Trabalho Cláudio Brandão destaca a responsabilidade objetiva da seguinte forma[138]:

> Significativa mudança no panorama alusivo ao dever de reparação dos danos no Direito Brasileiro foi provocada com a introdução de regra do Código Civil de 2002 (Lei n. 10.406, de 10.01.2002) que consagra o princípio da responsabilidade objetiva quando a atividade normalmente desenvolvida pelo autor do dano implicar, por sua natureza, risco para os direitos de outrem, certamente acompanhando a evolução do instituto, que não ficou atrás da ciência, dos interesses

---

(138) BRANDÃO, Cláudio, *Acidente do trabalho e responsabilidade civil do empregador*, cit., p. 234.

públicos e sociais, da proteção da pessoa e da dignidade humana e, igualmente, experimentou profundas mudanças ao longo do século passado.

Constata-se que o atual Código Civil adotou o sistema composto por regras abertas, conceitos indeterminados e cláusulas gerais. São normas que não prescrevem uma conduta específica, mas, simplesmente, definem valores e parâmetros hermenêuticos, tornando-se referencial interpretativo para o aplicador do Direito, notadamente o Juiz, na elaboração da decisão, oferecendo critérios axiológicos e limites para a incidência das demais disposições normativas.

Sendo assim, antes, a responsabilidade civil independentemente de culpa somente existia nos casos especificados em lei, ou seja, em alguns artigos da Constituição Federal, do Código Civil e em leis especiais. Atualmente, mesmo na hipótese de inexistir lei que regulamente o fato, pode o Juiz aplicar o princípio da responsabilidade objetiva, independentemente de culpa, quando a atividade normalmente desenvolvida pelo autor do dano implicar, por sua natureza, risco para os direitos de outrem.

O Professor Raimundo Simão de Melo classifica quatro espécies principais: teoria do risco integral (modalidade extrema, segundo a qual se determina a obrigação de indenizar, diante da simples ocorrência do dano), teoria do risco profissional (sustenta o dever de indenizar em decorrência da atividade profissional da vítima), teoria do risco proveito (sustenta a ideia de que aquele que tira proveito do fato causador do dano deve repará-lo, independentemente da existência de culpa) e a teoria do risco criado (aquele que empreende uma atividade, seja lucrativa ou não, assume os riscos daí decorrentes, respondendo pelos danos que possa causar, independentemente de culpa, excetuando-se as hipóteses de culpa exclusiva da vítima, caso fortuito e força maior)[139].

A teoria do risco criado reflete a ideia da inovação adotada pelo atual Código Civil para as hipóteses de atividade de risco, colocando a vítima em igualdade de condições em que se acham os novos empreendimentos, pela crescente industrialização, utilização de maquinários e intensificação de atividades potencialmente perigosas.

No tocante à atividade de risco, para que seja dispensada a culpa como um dos elementos caracterizadores do dano é preciso que o respectivo desenvolvimento se dê de forma habitual. O dano

---

(139) MELO, Raimundo Simão, *Direito ambiental do trabalho e a saúde do trabalhador, cit.*, p. 272.

decorrente de risco episódico em atividade que, normalmente, não é de risco, não afasta a necessidade de comprovação da ilicitude ao ato caracterizado do dano[140].

Em igual sentido caminha a jurisprudência acerca do tema:

> Evidencia-se a responsabilidade do empregador por doença do trabalho causada ao empregado que, habitualmente, executa serviços de pintura utilizando solvente à base de hidrocarbonetos aromáticos (benzeno e tolueno), em virtude do risco permanente na atividade, atraindo a regra do artigo 927, parágrafo único, do Código Civil. (TRT – 5ª Região, RO 01082-2001-001-05-00-9, Rel. Des. Cláudio Brandão, DJ 11.04.2006).

> É o empregador responsável pela indenização por danos morais perseguida pelo trabalhador vítima de sequestro na sua residência em razão da sua condição de bancário, já que o próprio banco firmou acordo coletivo assumindo a responsabilidade pelos prejuízos materiais em casos de assaltou ou sequestro. O reconhecimento da responsabilidade do empregador por meio de acordo coletivo apenas confirma o entendimento que vem sendo adotado no sentido de que a atividade bancária é atualmente uma atividade de risco. (TRT – 18ª Região, RO 00096-2004-161-18-00-8, Rel. Des. Elvécio Moura dos Santos, DJ 24.09.2004).

A responsabilidade civil pelos danos causados ao meio ambiente é objetiva, em decorrência do artigo 225, § 3º, da Constituição Federal. Ainda, o artigo 14, § 1º, da Lei n. 6.938/81 foi recepcionado pela Carta Magna e prevê a responsabilidade objetiva pelos danos causados ao meio ambiente e também a terceiros. São algumas das situações em que o legislador estabeleceu a responsabilidade do causador do dano independentemente da intenção/conduta do agente e o desenvolvimento de atividade de risco.

O que se visa com esse tipo de responsabilidade é estimular a proteção ao meio ambiente, obrigando o suposto poluidor a investir na prevenção do risco ambiental de sua atividade. A ele cabe implementar medidas suplementares de segurança, substituir métodos de trabalho ou mesmo extinguir determinadas atividades nocivas ao meio ambiente e a terceiros afetados.

Por outro lado, não se deve perquirir pura e simplesmente o enriquecimento ilícito da vítima, pelo que é importante a possibilidade, em determinados casos, mesmo se admitindo a responsabilidade objetiva, de exclusões do dever de reparar, mediante prova por parte do autor do ato lesivo de que cumpriu todos os cuidados atribuídos pela lei ou pelo contrato, não tendo, assim, contribuído para o evento.

Em síntese, o elemento culpa é a regra geral da pretensão reparatória, ficando reservada para alguns casos especiais a indenização sem culpa.

---

(140) BELMONTE, Alexandre Agra, *Instituições civis no direito do trabalho*, cit., p. 532.

4.2 – Pressupostos da Responsabilidade Civil

Existe uma regra universalmente reconhecida no sentido de que todo aquele que causar dano a outrem fica obrigado a repará-lo. A fundamentação dessa assertiva, antes de jurídica, é moral e de direito natural.

Dessa regra decorrem alguns elementos necessários à caracterização da responsabilidade civil, tais como: conduta, dano, nexo de causalidade e culpa. Entretanto, deve-se atentar ao fato que, quando se tratar de responsabilidade objetiva, o elemento culpa estará implícito, sendo desnecessária a prova de sua existência.

Assim, por necessário, será feita uma breve análise desses elementos para maior conhecimento a respeito de suas peculiaridades inerentes ao tema central deste trabalho.

4.2.1 – Conduta – Ação ou Omissão

A responsabilidade civil requer, necessariamente, uma ação ou omissão de um ser humano, porquanto somente a conduta humana é capaz de ensejar a responsabilidade civil.

Ocorre que a principal característica dessa conduta humana é a voluntariedade, porque é a partir dela que se pode concluir que o agente praticou a ação ou se omitiu de forma consciente. Tanto a ação como a omissão podem decorrer de ato próprio do agente, de terceiro ou de coisa que está sob a guarda daquele[141].

A voluntariedade está ligada ao desejo de pretender realizar a própria ação ou omissão independentemente da análise sobre o eventual resultado danoso. A conduta omissiva se identifica como aquele que deveria praticar o ato permanece inerte, atingindo, com isso, um bem juridicamente tutelado.

A Jurista Maria Helena Diniz conceitua[142]:

> Ato comissivo ou omissivo praticado deve receber qualificação jurídica de lícito ou ilícito, considerando que dessa classificação resulta o próprio fundamento da responsabilidade civil. Predomina o fundamento segundo o qual o ato praticado configura um ilícito, verificado como desvio de conduta, pois que praticado em "contrário ao direito". O ato configura-se como o descumprimento de um contrato (responsabilidade contratual) ou de um dever geral de conduta (responsabilidade extracontratual).

Ainda, o ato do agente causador do dano impõe-lhe o dever de reparar não só quando há, de sua parte, infringência a um dever legal,

---
(141) MANHABUSCO, José Carlos e MANHABUSCO, Gianncarlo Camargo, *Responsabilidade objetiva do empregador, cit.*, p. 45.
(142) DINIZ, Maria Helena, *Curso de Direito Civil Brasileiro – Responsabilidade Civil, cit.*, p. 45.

como também quando o seu ato, embora sem infringir a lei, se afastar da finalidade social a que ela se destina. São atos praticados com abuso de direito, e se o comportamento abusivo do agente causar dano a outrem ficará obrigado a repará-lo[143].

Os atos causadores de danos ambientais prescindem da ilicitude, bastando a existência de um prejuízo ou a simples ameaça de que este venha a ocorrer e o nexo de causalidade. O que importa é a existência de um ato danoso para que seu causador arque com os prejuízos decorrentes, respondendo independentemente da intenção de causar prejuízo ao ambiente.

4.2.2 – Nexo de causalidade

Entre o dano efetivo e a ação ou omissão deve haver, sob pena de exclusão de responsabilidade do agente, um elo que é denominado de nexo de causalidade. Sem ele não existe a obrigação de indenizar. Sua prova incumbe à vítima. Se o ato ou fato não foi condição necessária ou não contribuiu de qualquer forma para o evento danoso (concausalidade), não há falar-se em responsabilidade civil.

É um requisito essencial na responsabilidade civil. Note-se que mesmo na responsabilidade objetiva há de existir o nexo causal, que dispensa a culpa, mas não a relação de causalidade entre o comportamento do agente e o dano[144].

No acidente de trabalho e/ou doença ocupacional, o nexo de causalidade é o vínculo existente entre a execução do serviço e o acidente ou doença (profissional ou do trabalho).

Nem sempre há uma certeza absoluta sobre o nexo causal, mas, de outro lado, pode existir um elevado grau de probabilidade sobre a configuração do nexo causal, que deve ser levado em consideração pelo julgador.

O julgado a seguir transcrito esclarece a questão:

> Restou clara a existência do dano à saúde da reclamante, que é portadora de Síndrome do Túnel do Carpo (LER). Nem sempre é fácil estabelecer se a enfermidade apareceu ou não por causa do trabalho. Verifica-se que a reclamante laborou por todo o contrato de trabalho na preparação de saladas efetuando movimentos repetitivos, uma vez que passava cerca de quatro horas seguidas lavando, descascando e cortando verduras e legumes. Restou claro nos autos que a autora somente passou a apresentar o quadro de tendinite no ano de 2002, após dois anos trabalhando na reclamada, conforme laudos médicos de fls. 25/30 e laudos periciais de fls. 211/217 e 319/327. Levando-se em conta o tempo de labor diário da reclamante na mesma função e o fato de que o julgador

---

(143) MELO, Raimundo Simão, *Direito ambiental do trabalho e a saúde do trabalhador*, cit., p. 267.
(144) BELMONTE, Alexandre Agra, *Instituições civis no direito do trabalho*, cit., p. 518.

tem que estar atento aos fatos, indícios, presunções e observação do que ordinariamente acontece, verifica-se que há sim nexo de causalidade entre o labor exercido pela obreira e a doença ocupacional adquirida. Dá-se provimento ao apelo para, reformando-se a sentença, condenar a reclamada a pagar à autora indenização por danos morais. (TRT – 17ª Região, RO 01757.2005.009.17.00.8 – Rel. Des. José Carlos Rizk, DJ 08.05.2007).

Ainda, a Lei n. 8.213/91 restou acrescida do artigo 21-A, criando o chamado Nexo Técnico Epidemiológico. Destacamos os ensinamentos do Professor Raimundo Simão de Melo sobre o tema[145]:

> Com a nova alteração legal foi instituído o Nexo Técnico Epidemiológico para doenças provocadas pelo trabalho por meio do vínculo direto entre a atividade econômica de cada um dos ramos em que estão inseridas as empresas e uma lista de possíveis doenças e acidentes que podem acontecer naquele ambiente de trabalho específico. Assim, a Perícia Médica deverá fazer o reconhecimento automático do nexo entre a doença ou acidente e o trabalho exercido pelo trabalhador. Este não terá mais de comprovar que adoeceu por conta da sua profissão ou atividade de trabalho.

O julgado a seguir transcrito ilustra bem a questão:

> Por aplicação analógica do artigo 21-A da Lei n. 8.213/91, sendo comum o liame entre determinada doença e os riscos ocupacionais que envolveram a prestação de serviços, haverá uma causalidade presumida, competindo ao empregador elidi-la mediante a comprovação inequívoca de fatores extracontratuais que pudessem acarretar a moléstia e/ou a adoção efetiva de medidas de segurança que eliminassem a provável origem da lesão, o que não se verificou no caso dos autos. (TRT-3ª Região, 5ª Turma, RO 00245-2003-036-03-00-1, Rel. Des. José Murilo de Morais, DJ 08.06.2009).

No Direito Brasileiro prevalece a teoria da causalidade direta ou imediata (Código Civil, artigo 403), ou seja, o dever de reparar surge quando o evento danoso é efeito necessário de certa causa. A expressão efeito direto e imediato indica a ideia de que nem todas as causas têm relevância na imputação do dano. Contudo, se a causa do agente não tiver sido a única determinante, mas tiver concorrido para a existência ou o agravamento do dano, estar-se-á diante da figura jurídica da concausa.

Concausa é outra causa que, juntando-se à causa principal, contribuiu para o resultado ou agravamento do dano. Concausa é uma circunstância que vem a reforçar a causa principal.

Sendo assim, além do nexo causal, deve-se levar em consideração em certas situações o nexo concausal, que são outras causas que, com uma causa principal, contribuem para o resultado final do acidente ou da doença ocupacional. As concausas são preexistentes (diabete que provoca maiores consequências no ferimento decorrente de um acidente de trabalho), supervenientes (a vítima do acidente, embora imediatamente socorrida e levada ao hospital, não recebe tratamento adequado e vem a falecer) e concomitantes (surdez para um

---
(145) MELO, Raimundo Simão, *Direito ambiental do trabalho e a saúde do trabalhador*, cit., p. 348.

trabalhador de 50 anos de idade, agravada pela exposição de ruído no ambiente de trabalho).

Os julgados a seguir transcritos demonstram a existência de nexo de concausalidade:

> A doença que, por lei, é considerada acidente do trabalho não e apenas aquela que tem como causa única o evento ocorrido no labor. O legislador também considera como tal aquela proveniente de concausa anterior, evidenciada pela presença de um fator exógeno, mas que, aliado à causa laboral, deflagra ou agrava os efeitos da lesão. (TRT – 2ª Região, 10ª Turma, RO 00773-2001-361-02-00-9, Rel. Des. Vera Marta Público Dias, DJ 05.04.2005).

> O reclamante sofreu acidente de trabalho sem que a reclamada tivesse concorrido para o evento. Todavia, apesar da gravidade do acidente e de ter seu braço engessado, o empregado, por determinação da empresa, desenvolveu suas atividades por mais três semanas antes de ser afastado do serviço em razão da permanência dos sintomas, prejudicando sobremaneira a recuperação da lesão. A negligência da empregadora no pós-acidente caracteriza o ato ilícito, devendo reparar o dano mediante a indenização fixada pelo Juízo. (TRT – 24ª Região, RO 00535-2005-021-24-00-4, Rel. Des. Abdalla Jallad, DJ 07.04.2006).

Nesses casos, o empregador e/ou tomador de serviços responde pelo pagamento da indenização independentemente de ter conhecimento da concausa que agravou o dano.

4.2.3 – Dano

Dano é a lesão a um interesse jurídico tutelado, patrimonial ou não, causado por ação ou omissão do sujeito infrator. O dano é o objeto da responsabilidade civil, pois, sem dano, não há falar em responsabilidade do agente causador de um ato ilícito ou não.

Regra geral, o dano é indenizável, mas para tanto é necessário que se demonstre a diminuição patrimonial ou a ofensa a um bem juridicamente protegido, desde que haja um liame (nexo de causalidade) entre o prejuízo decorrente e o respectivo ato ou omissão do agente.

O ressarcimento do ofendido tem o intuito de reverter sua condição à situação anterior, em que se encontraria naturalmente, se não houvesse ocorrido o dano. Essa condição nem sempre se apresenta possível, o que impõe a reparação mediante o pagamento de uma quantia.

Ocorre que, para que o dano seja indenizável, não basta que ele simplesmente exista, mas sim que preencha alguns requisitos, tais como: que tenha violado um interesse jurídico (patrimonial ou moral); que tenha efetividade ou certeza; e que subsista no momento de sua exigibilidade[146].

---

(146) MANHABUSCO, José Carlos e MANHABUSCO, Gianncarlo Camargo, *Responsabilidade objetiva do empregador, cit.*, p. 47.

Com relação ao primeiro requisito, violação de um interesse jurídico, patrimonial ou moral, significa que o dano deve atingir um bem jurídico tutelado. No que diz respeito ao segundo requisito, efetividade ou certeza do dano, nada mais é que a necessidade de que o dano não seja mera possibilidade, mas sim que tenha efetivamente ocorrido. O terceiro requisito do dano indenizável é a subsistência, porque de nada adianta pleitear em juízo se, ao momento da exigibilidade, o dano já tenha sido reparado.

Cabe ressaltar que o dano ambiental independe, para sua caracterização, do elemento anímico da conduta do agente (dolo ou culpa). Não importa se o ato causador do dano é lícito ou ilícito, porque a responsabilidade é objetiva (CF, artigo 225, § 3º e Lei n. 6.938/81, artigo 14, § 1º).

No caso do meio ambiente do trabalho, busca-se a adequação dos locais de trabalho mediante a eliminação dos riscos à saúde e integridade física e psíquica dos trabalhadores, o que, em regra, é possível *ex nunc,* mediante adoção de medidas coletivas e individuais. Quanto aos prejuízos *ex tunc,* especialmente em relação à saúde do trabalhador, não há, regra geral, possibilidade de reconstituição, uma vez que já ocorreu o acidente e/ou doença ocupacional. Na hipótese vertente, busca-se a reparação por meio de uma indenização por danos emergentes (material, moral e estético) e lucros cessantes.

Cumpre lembrar que o dano pode ser coletivo, pois pode atingir interesses difusos, de pessoas indeterminadas, ligadas apenas por circunstâncias de fato, ou coletivos, de grupos, categorias ou classes de pessoas ligadas entre si ou com a parte contrária por uma relação jurídica base (CDC, artigo 81, I e II).

Sendo assim, o infortúnio laboral gerará, em regra, direito à indenização para o ofendido se causar um dano, que poderá ser material, moral e/ou estético.

4.2.3.1 – Dano Material

O dano material consiste na lesão a bens físicos, concretos, suscetíveis de aferição econômica, suportada pelo ofendido, devendo sua indenização ser a mais ampla possível para recompor o patrimônio perdido ou desfalcado.

A reparação do dano material deve corresponder à extensão do dano causado, abrangendo os danos emergentes e os lucros cessantes. A ideia central da indenização por danos emergentes está estruturada no propósito de recomposição do patrimônio do ofendido ao mesmo patamar existente antes do infortúnio. Já a reparação do lucro cessante, por sua vez, repousa numa probabilidade e certeza de que o ganho futuro seria auferido não fosse o dano injustamente causado à vítima[147].

No caso de acidente de trabalho com incapacidade total e permanente da vítima para o trabalho, por exemplo, o dano emergente será o valor de todos os ganhos auferidos pela vítima no momento do infortúnio, porque este compreende tudo aquilo que o lesado perdeu, além das despesas com tratamento de saúde e, se houver óbito, com o funeral e luto da família. E também poderá incluir lucro cessante referente à perda de ganhos futuros em razão da incapacidade permanente para o trabalho.

O dano material pode atingir um bem individualmente considerado ou de natureza coletiva, nesse último caso, os chamados direitos metaindividuais.

4.2.3.2 – Dano Moral

O dano moral é a lesão de interesses não patrimoniais, provocada à pessoa física ou jurídica, pelo ato lesivo.

O dano moral é indenizável, não como uma quantificação patrimonial, que é impossível, mas com o objetivo duplo de impor uma sanção ao agressor para que não mais volte a infringir direito e, também, com o objetivo de provocar na vítima uma sensação de prazer para compensar a dor provocada pelo ato danoso.

A compensação pelo dano à pessoa deve caminhar de forma harmoniosa com os direitos humanos e com os direitos da personalidade, cujo fundamento é o reconhecimento de que a pessoa tem um valor em si mesma e de que, por isso, deve-lhe ser reconhecida uma dignidade. A pessoa humana é corpo e espírito. Logo, a dor, a angústia e a tristeza são formas por meio das quais o dano moral se exterioriza.

O dano moral decorrente do sinistro laboral independe de prova, uma vez que o sofrimento, a dor (física e psíquica), a humilhação, a vergonha, uma grande decepção, a frustração de expectativas, dentre outros, decorrem da própria natureza humana, sendo, deste modo, presumido, até porque não é possível demonstrá-lo por meio de documentos ou outros meios de prova. O que deve ser comprovado é o dano injusto causado ao obreiro em face do incidente sofrido[148].

---

(147) SANTOS, Enoque Ribeiro, *Responsabilidade objetiva e subjetiva do empregador, cit.*, p. 63.
(148) BELMONTE, Alexandre Agra, *Instituições civis no direito do trabalho, cit.*, p. 558-559.

O colendo Tribunal Superior do Trabalho assim se posicionou:

> O dano moral caracteriza-se pela simples violação de um direito geral de personalidade, sendo a dor, a tristeza ou o desconforto emocional da vítima sentimentos presumidos de tal lesão (*presunção hominis*) e, por isso, prescindíveis de comprovação em juízo. (TST, 3ª Turma, RR 533/2003-091-09-00.5, Rel. Ministra Rosa Maria Weber, DJ 26.06.2009).

O dano moral, também, pode atingir um bem individualmente considerado ou de natureza coletiva, nesse último caso, os chamados direitos metaindividuais.

O Professor José Affonso Dallegrave Neto conceitua dano moral coletivo nos seguintes termos[149]:

> O dano moral coletivo é aquele que decorre da ofensa do patrimônio imaterial de uma coletividade, ou seja, exsurge da ocorrência de um fato grave capaz de lesar o direito de personalidade de um grupo, classe ou comunidade de pessoas e, por conseguinte, de toda a sociedade em potencial.

O julgado a seguir transcrito bem ilustra a ocorrência de reparação de dano moral coletivo no meio ambiente do trabalho:

> Uma vez configurado que a ré violou direito transindividual de ordem coletiva, infringindo normas de ordem pública que regem a saúde, segurança, higiene e meio ambiente do trabalho, é devida a indenização por dano moral coletivo, pois tal atitude da ré abala o sentimento de dignidade, falta de apreço e consideração, tendo reflexos na coletividade e causando grandes prejuízos à sociedade. (TRT – 8ª Região, 1ª Turma, RO 5309/2002, Rel. Des. Luís Ribeiro, DJ 19.12.2002).

É importante destacar que a Constituição da República contempla o dano moral de forma ampla, abrangendo, assim, os danos individuais, às pessoas físicas e jurídicas, e coletivos. A Carta Magna consagra a dignidade humana como fundamento da República, atribuindo ao dano moral nova feição e maior dimensão, porque a dignidade humana constitui a base de todos os valores morais.

Com efeito, é possível a pessoa jurídica sofre dano moral somente se houver lesão à honra objetiva (difamação). A pessoa jurídica, criação de ordem legal, não tem capacidade de sentir emoção e dor, estando, por isso, desprovida de honra subjetiva e imune à injúria.

Por fim, cumpre conceituar o dano moral indireto, também chamado de dano em ricochete, é o que atinge a pessoa de forma reflexa, como no caso de morte de uma pessoa querida, da família ou não. Essa categoria de dano moral reflexo é gerada a partir de acontecimentos envolvendo determinadas pessoas que possuem vinculação afetiva mais estreita com a vítima direta.

---

(149) DALLEGRAVE NETO, José Affonso, *Responsabilidade civil no direito do trabalho*, cit., p. 188.

No caso de um acidente de trabalho, vindo a vítima direta a falecer por conta desse evento ou de uma doença ocupacional, são legitimados, como autores, para pleitear o pagamento da indenização pelos danos sofridos em razão da morte do ente querido aquelas pessoas que com ela conviviam mediante estreito vínculo de afetividade, amor e grande amizade, podendo ser herdeiros ou não.

4.2.3.3 – Dano Estético

O dano estético é toda alteração morfológica do indivíduo, que, além do aleijão, abrange as deformidades ou deformações, marcas e defeitos, ainda que mínimos, e que impliquem sob qualquer aspecto uma anormalidade na vítima, expondo o ofendido ao ridículo ou a complexo de inferioridade, exercendo ou não influência sobre sua capacidade laboral.

O que se visa proteger não é a beleza, mas a normalidade do aspecto de uma pessoa, a fim de que esta não se veja como alguém diferente ou inferior aos outros. O dano estético impede o ser humano, em muitas situações, do normal convívio social, da prática de lazer e de atividades profissionais[150].

Não há dúvida da possibilidade de cumulação das indenizações por danos material, moral e estético decorrentes de acidente laboral. Porém, em relação a estas duas últimas, será necessário que derivem de fundamentos inconfundíveis.

O julgado a seguir transcrito ilustra bem a questão:

> Permite-se a cumulação de valores autônomos, um fixado a título de dano moral e outro a título de dano estético, derivados do mesmo fato, quando forem passíveis de apuração em separado, com causas inconfundíveis. Hipótese em que do acidente decorreram sequelas psíquicas por si bastantes para reconhecer-se existente o dano moral; e a deformidade sofrida em razão da mão do recorrido de ter sido traumaticamente amputada, por ação corto-contundente, quando do acidente, ainda que posteriormente reimplantada, é causa bastante para reconhecimento do dano estético. (STJ, RESP. n. 210.351-0/RJ, 4ª Turma, Rel. Ministro César Asfor Rocha, DJU 03.08.2000).

Sendo assim, as indenizações por danos material, moral e estético podem ser cumuladas, se inconfundíveis suas causas e passíveis de apuração em separado, resultantes do mesmo fato.

---

(150) BELMONTE, Alexandre Agra, *Instituições civis no direito do trabalho*, cit., p. 566.

4.2.4 – Elemento Acidental (Culpa)

A culpa não é considerada como elemento essencial da responsabilidade civil, mas sim um elemento acidental, isso porque a responsabilidade civil objetiva independe de culpa.

Sendo assim, para caracterizar a responsabilidade civil subjetiva e, consequentemente, para reparação do dano, é necessário que o ato do agente tenha sido praticado mediante dolo ou culpa, devidamente comprovado pela vítima[151].

A diferença primordial entre a culpa e o dolo é que neste existe a intenção do agente em causar o resultado maléfico, enquanto naquela o agente pratica a conduta, mas não tem a intenção do resultado, que é um desdobramento da negligência (conduta omissiva do agente em que não houve a devida cautela), imprudência (conduta comissiva por parte do agente) e imperícia (falta de habilidade ou técnica quando da realização de determinado ato) da conduta praticada.

Paralelamente à teoria clássica, aceitam-se casos de responsabilidade sem culpa, como a responsabilidade objetiva pelos danos ambientais.

O artigo 225, § 3º, da Carta Magna reconhece a responsabilidade objetiva pelas condutas e atividades consideradas lesivas ao meio ambiente, que sujeitarão os infratores, pessoas físicas ou jurídicas, a sanções penais e administrativas, independentemente da obrigação de reparar os danos causados.

Ainda, o parágrafo único do artigo 927 do Código Civil reconhece a responsabilidade sem culpa quando a atividade normalmente desenvolvida pelo autor do dano implicar, por sua natureza, risco para os direitos de outrem.

E mais, o artigo 14, § 1º, da Lei n. 6.938/91, assegura a responsabilidade objetiva pelos danos causados ao meio ambiente e a terceiros prejudicados.

4.2.5 – Acidente de trabalho

O termo acidente de trabalho é gênero que abrange acidente-tipo e doença ocupacional.

---

(151) MANHABUSCO, José Carlos e MANHABUSCO, Gianncarlo Camargo, *Responsabilidade objetiva do empregador, cit.*, p. 49.

As doenças ocupacionais subdividem-se em doenças profissionais e do trabalho e estão definidas no artigo 20 da Lei n. 8.213/91, que as equipara ao acidente de trabalho propriamente dito, para efeitos legais, embora conceitual e cientificamente não sejam equivalentes.

Considera-se doença profissional a produzida ou desencadeada pelo exercício do trabalho peculiar a determinada atividade e constante da respectiva relação elaborada pelo Ministério do Trabalho e da Previdência Social.

Doença do trabalho é a moléstia adquirida ou desencadeada em função de condições especiais em que o trabalho é realizado e com ele se relacione diretamente, constante da relação antes mencionada.

Não são consideradas doenças do trabalho (Lei n. 8.213/91, artigo 20, § 1º): degenerativas, inerentes a grupo etário, que não produzam incapacidade laborativa e endêmicas (adquiridas de forma especial em determina região).

Entretanto, doenças de caráter degenerativo e de origem congênita serão consideradas como doença do trabalho, caso se demonstre que as condições especiais do trabalho (concausa) concorreram para sua manifestação, conforme julgado a seguir transcrito:

> Diante do quadro fático delineado pela corte de origem, em que as atividades desempenhadas pela reclamante contribuíram para o agravamento de doença degenerativa, estão presentes todos os requisitos necessários à responsabilização da empresa, uma vez que comprovados o agravamento da doença, a culpa do empregador em não fornecer condições adequadas de trabalho e o nexo de causalidade entre o dano e os serviços desempenhados, na modalidade concausa, sendo esta a causa que, associada a uma outra principal, contribuiu para a eclosão ou agravamento de lesão ou doença ocupacional. (TST, 2ª Turma, AIRR 213900-71.2008.5.09.0661, Rel. Ministro Guilherme Augusto Caputo Bastos, DJ. 30.09.2011).

Ainda, necessária se faz a conceituação de acidente-tipo, que é aquele evento instantâneo que atinge o trabalhador de súbito, causando-lhe um gravame consubstanciado numa incapacidade total ou parcial (transitória ou definitiva) para o trabalho, com dano lesivo à saúde física ou mental daquele, desde que existente um nexo etiológico entre o trabalho desenvolvido e o acidente e entre este último e a perda ou redução da capacidade para o trabalho, ou, ainda, na morte do trabalhador.

Em geral, os acidentes de trabalho possuem causa definida e determinada, acontecendo em um preciso instante. Por sua vez, as doenças de trabalho são resultantes diretamente do trabalho desempenhado e/ou sob as condições em que é realizado. São resultados do contato dos trabalhadores com determinados agentes agressivos à saúde.

Por fim, cumpre ressaltar que acidente por equiparação, aquele ocorrido no local e horário de trabalho (Lei n. 8.213/91, artigo 21, II), tais como, sabotagem, terrorismo, inundação, contaminação acidental, entre outros casos fortuitos ou decorrentes de força maior, bem como acidentes de trajeto ou *in itinere,* aqueles acidente sofridos pelo empregado fora do horário e local de trabalho, não ensejam, em regra, indenização civil, em razão da ausência de nexo de causalidade, exceto se restar comprovada a participação do empregador e/ou tomador de serviços no evento danoso, embora produzam os mesmos efeitos previdenciários ao ofendido, como, por exemplo, a garantia de emprego prevista no artigo 118 da Lei n. 8.213/91.

4.3 – Fatores Excludentes da Responsabilidade Civil

São fatores excludentes da responsabilidade civil do empregador e/ou tomador de serviços: a autolesão, fato exclusivo da vítima (culpa exclusiva da vítima), o caso fortuito e a força maior[152].

São elementos causais que interferem na responsabilização do agente causador do dano. É o reconhecimento da possibilidade de exclusão por determinados fatos que rompem o nexo de causalidade entre o fato gerador e o dano.

A autolesão, provocada pela vítima para simular um acidente de trabalho e obter vantagens econômicas, sequer se trata de acidente, caso provada pelo empregador e/ou tomador de serviços, e não impõe o dever de reparar os danos decorrentes. Destaque-se que a prova do dolo deve ser cabalmente demonstrada para provocar a exclusão.

O fato exclusivo da vítima (culpa exclusiva da vítima) também deve ser cabalmente comprovado pelo empregador e/ou tomador de serviços, que deverá demonstrar que não concorreu de qualquer forma para o evento, inexistindo, portanto, nexo causal.

O Professor e Ministro do Tribunal Superior do Trabalho Cláudio Brandão conceitua e demonstra o fato exclusivo da vítima no contrato de trabalho, nos seguintes termos[153]:

> Configurada culpa exclusiva da vítima, desaparece relação de causa e efeito entre o ato do agente causador do dano e o prejuízo experimentado pela vítima. Nessa hipótese, o agente que causa diretamente o dano é apenas um instrumento do

---

(152) BELMONTE, Alexandre Agra, *Instituições civis no direito do trabalho,* cit., p. 518.
(153) BRANDÃO, Cláudio, *Acidente do trabalho e responsabilidade civil do empregador,* cit., p. 259.

acidente, não se podendo falar em liame de causalidade entre seu ato e o prejuízo por aquela experimentado.

Relativamente ao contrato de trabalho, é a atitude do empregado que faz desaparecer o elemento de ligação entre o dano que lhe foi propiciado e o fato que o originou, supostamente atribuído à pessoa do empregador, como ocorre, por exemplo, com o ato proposital de desativar, sem o conhecimento do empregador, mecanismo de proteção existente em máquina desfibradora de sisal, destinado a impedir a lesão nas mãos, mas que torna a produção mais lenta, impedindo ganhos maiores, para os que percebem salário por obra.

É pacífica a jurisprudência nesse sentido:

> Não se acolhe pretensão do empregado destinada ao reconhecimento da estabilidade no emprego, quando fica demonstrada que o acidente por ele sofrido – queda – decorreu de sua culpa exclusiva e, por conseguinte, não há que se falar no direito à estabilidade, notadamente porque não há que se falar, no caso, de responsabilidade objetiva. (TRT – 5ª Região, 2ª Turma, RO 01264-2003-020-05-00-9, Rel. Des. Cláudio Brandão, DJ 07.02.2005).

> O liame causal entre o dano e a atividade desenvolvida, a ensejar o dever de indenizar, não restou caracterizado, diante da atitude do empregado, quando resolveu executar serviço particular sem autorização do seu empregador, mesmo sabendo ser proibido, bem como quando não utilizou o equipamento de proteção individual, que, inclusive, seria capaz de impedir a ocorrência do sinistro. (TRT – 8ª Região, 1ª Turma, RO 0001827-90.2010.5.08.0117, Rel. Des. Marcus Augusto Losada Maia, DJ 27.10.2011).

A denominação fato exclusivo da vítima deve prevalecer, em razão de boa técnica, uma vez que o problema se desloca para o terreno do nexo de causalidade, e não da culpa.

Se o acidente ocorrer por culpa concorrente da vítima, do empregador e/ou tomador de serviços, o nexo de causalidade do acidente com o trabalho continua, mas a indenização será reduzida proporcionalmente.

Registre-se que a culpa concorrente não implica, necessariamente, redução da indenização pela metade. O correto é o julgador adotar o princípio da proporcionalidade, fixando a indenização de acordo com a parcela de culpa de cada parte.

O julgado a seguir transcrito esclarece a questão:

> Ainda que reste configurada a culpa concorrente ou a concorrência das causas, prevista no artigo 945 do Código Civil, tal não tem o condão de excluir a responsabilidade civil do empregador, que o obriga a indenizar o ilícito observada a proporção da culpa das partes no evento ocorrido. (TRT – 1ª Região, 9ª Turma, RO 0000793-79.2010.5.01.0245, Rel. Des. José da Fonseca Martins Junior, DJ 28.07.2011).

A força maior (decorrente de fato de natureza e, portanto, superior às forças humanas – inevitável) e o caso fortuito (decorrente de obra do acaso - imprevisível) também são causas excludentes da responsabilidade civil do empregador e/ou tomador de serviços. Nestas hipóteses, é necessário que o empregador e/ou tomador de serviços não tenha concorrido de qualquer forma para a ocorrência do evento, pelo que, caso tenha tido alguma participação em colaboração ao acidente de trabalho, deverá por ele responder.

A Jurisprudência é pacífica nesse sentido:

> A queda de árvore decorrente de forte chuva de verão denota imprevisibilidade característica do caso fortuito de forma a quebrar o nexo de causalidade entre o fato e o resultado havido, e, por via de arrastamento, apresenta-se como excludente de responsabilidade do dever de indenizar. (TRT – 23ª Região, RO 00228.2005.066.23.00-9, Rel. Des. Paulo Brescovici, DJ 02.02.2006).

> Inexiste culpa do empregador pela morte de trabalhador rural laborando a céu aberto, que em virtude da queda de raio, vem a falecer, pois trata-se de caso fortuito. Não detém o empregador meios de estabelecer área de segurança, ou ainda prever o momento em que pode haver queda de raio ou determinar a área de sua ocorrência. (TRT – 15ª Região, 4ª Turma, RO 0000824-88.2010.5.15.0058, Rel. Des. Luiz Roberto Nunes, DJ 14.10.2011).

Entretanto, se o agente causador do risco provém de fatos comuns ao exercício de atividade empresarial ou do modo de execução do trabalho por parte do empregado, ainda que oriundos da ação de terceiros, não é capaz de afastar o dever de reparação ao empregador e/ou tomador de serviços, ainda que imprevisível e inevitável.

Trata-se do que se denomina de fortuito interno, compreendido como ação humana inserida no elemento causal, mas incluída no risco habitual da atividade empresarial.

Observa que a atual jurisprudência vem adotando a chamada teoria do fortuito interno, o que vale dizer que existem fatos que preenchem os requisitos da imprevisibilidade e da inevitabilidade e que, apesar disso, não serão tidos como excludentes do nexo de causalidade. O tema vem sendo objeto de pronunciamento pelo Tribunal Superior do Trabalho, conforme se verifica dos julgados a seguir transcritos:

> À proporção em que assaltos se tornam ocorrências frequentes, adquirem status de previsibilidade para aquele que explora a atividade econômica, incorporando-se ao risco do negócio (fortuito interno), cujo encargo é do empregador (artigo 2º da CLT). A realidade de violência que assola o transporte público no Brasil atrai para a esfera trabalhista a responsabilidade civil objetiva da empresa de transporte, em face da atividade de risco desempenhada pelos seus funcionários, quase que rotineiramente submetidos a atos violentos de terceiros. Incidência da cláusula geral de responsabilidade objetiva positivada no parágrafo único do artigo 927 do Código Civil. (TST – 3ª Turma, RR 169-87.2012.5.09.0002, Rel. Ministro Alberto Luiz Bresciani de Fontan Pereira, DJ 18.06.2014).

Assim, devidamente enquadrados os assaltos como fortuitos internos em relação à atividade econômica examinada nos presentes autos, antes de se aferir o descumprimento da medida de segurança pelo empregado, há que se considerar a inadequação da transferência desse risco empresarial ao trabalhador. A empresa, com a conduta anterior de dispensar a escolta armada e expor seus empregados ao transporte de valores já estaria a dividir os riscos de sua atividade econômica com os empregados e, ao passo seguinte, que é a realização do desconto salarial, traduzir-se-ia em responsabilizar o empregado por não ter evitado um risco que foi anteriormente criado pelo próprio empregador. Se a atividade empresarial intrinsecamente implica risco, assumir que o descuido do empregado o torna responsável pelo dano causado por terceiro, porque não atendeu à medida de segurança já caracterizada como insuficiente, fere a razoabilidade. É que com sua conduta anterior, a empresa transferiu indevidamente o risco de sua atividade econômica para o empregado, não lhe sendo dado posteriormente cobrar por isso. (TST – 7ª Turma, AIRR 1694-65.2012.5.10.0006, Rel. Ministro Luiz Philippe Vieira de Melo Filho, DJ 30.05.2014).

Ainda, além dos riscos provenientes da atividade empresarial, o fato ocasionado por terceiro também não exclui o nexo de causalidade na situação em que o terceiro é um preposto da empresa ou mesmo colega de trabalho da vítima, pois, nesse caso, por força do que dispõe a lei, a responsabilidade civil recairá solidariamente ao agente direto e ao empregador (Código Civil, artigo 932, III – responsabilidade solidária da empresa por ato de preposto ou empregado praticado em razão do contrato de trabalho).

Apenas a título de argumentação, no Direito do Trabalho, diante do princípio da proteção, afasta-se, desde logo, a convenção por meio da qual as partes excluem o dever de indenizar em caso de inadimplemento da obrigação, uma vez que inválida a renúncia prévia a direitos, neste caso manifestado pelo empregado à possível reparação de danos que lhe fossem causados pelo empregador e/ou tomador de serviços.

Trata-se da chamada cláusula de não indenizar, que é a estipulação por meio da qual uma das partes contratantes declara, com a concordância da outra, que não será responsável pelo dano resultante da inexecução ou da execução inadequada de um contrato, transferindo o risco da atividade econômica ao empregado.

O Professor José Affonso Dallegrave Neto afasta a estipulação da cláusula de não indenizar ao contrato de trabalho nos seguintes termos[154]:

> Inviável é a cláusula de não indenizar perante os contratos individuais de trabalho, seja porque trata de um contrato de adesão, seja porque um dos contratantes é considerado hipossuficiente, seja porque tal ajuste fere frontalmente o conceito legal de empregador, previsto no artigo 2ª da CLT e no princípio da irrenunciabilidade dos direitos trabalhistas.

---
(154) DALLEGRAVE NETO, José Affonso. *Responsabilidade civil no direito do trabalho*, cit., p. 217.

A exoneração da responsabilidade civil patronal, portanto, somente ocorrerá se o dano não puder, de nenhuma forma, ser evitado pelo empregador e/ou tomador de serviços. É preciso avaliar se o empregador e/ou tomador de serviços, pelo que ordinariamente acontece, dentro da razoabilidade e do estágio atual da tecnologia, poderia adotar medidas preventivas que teriam evitado o acidente ocorrido.

Cumpre ressaltar que todos os fatores excludentes da responsabilidade civil estão no campo do nexo de causalidade e não da culpabilidade. De qualquer modo, quando não se vislumbra o nexo causal normalmente inexiste também a culpa daquele que é apontado como o causador do dano.

Por fim, as excludentes de responsabilidade, quando realmente comprovadas diante de cada caso concreto de acidente de trabalho, também têm aplicação na responsabilidade objetiva, pois aqui o que se exclui é o nexo de causalidade entre o ato e o dano, independentemente do fator culpa.

4.4 – Responsabilidade Civil do Tomador de Serviços e a Constituição Federal

Na contramão de diversos textos modernos que serão citados no decorrer deste trabalho, a Constituição Federal de 1988 é modesta na previsão da responsabilidade civil do tomador de serviços pelo meio ambiente de trabalho seguro e adequado, apenas fazendo alusão, no inciso XXVIII do artigo 7º, ao direito assegurado aos trabalhadores de um seguro contra acidentes de trabalho, a cargo do empregador, sem excluir a indenização a que este está obrigado, quando incorrer em dolo ou culpa[155].

Não há no texto constitucional passagem que faça referência expressa ao dever de reparação por quem, embora se beneficiando da mão de obra do trabalhador acidentado, não é seu empregador.

Em uma primeira análise, portanto, seria possível concluir que o texto constitucional desautoriza a incidência da responsabilidade objetiva no ordenamento jurídico pátrio, assim como a responsabilização solidária do tomador de serviços nos contratos de terceirização.

A análise mais cuidadosa, contudo, levará a conclusão diversa, partindo-se da interpretação das normas contidas na própria Constituição Federal.

---

(155) Artigo 7º, XXVIII, CF/88 – seguro contra acidentes de trabalho, a cargo do empregador, sem excluir a indenização a que este está obrigado, quando incorrer em dolo ou culpa.

Os reflexos sociais dos acidentes e doenças do trabalho ao longo do tempo influenciaram o advento de normas jurídicas para proteger as vítimas e seus dependentes, havendo importante evolução hermenêutica e teórica sobre a responsabilização civil pelos danos ambientais.

A proteção do meio ambiente, o qual abarca o meio ambiente do trabalho, é preocupação de todos os povos em virtude da necessidade de sua preservação em benefício da humanidade. A Constituição Federal de 1988, em seu artigo 225, levou o direito ao meio ambiente saudável ao patamar constitucional ao prescrever que todos têm direito ao meio ambiente ecologicamente equilibrado, bem de uso comum do povo e essencial à sadia qualidade de vida, impondo-se ao Poder Público e à coletividade o dever de defendê-lo e preservá-lo para as presentes e futuras gerações.

Outros dispositivos constitucionais, tais como o artigo 170 (valorização do trabalho humano) e o artigo 7º, XXII, se ligam à segurança, saúde e meio ambiente do trabalho. A redução dos riscos inerentes ao trabalho, por meio de normas de saúde, higiene e segurança representa um direito social assegurado aos trabalhadores urbanos e rurais.

De acordo com o princípio da unidade da Constituição, uma norma não pode ser interpretada isoladamente. Deve ser entendida em consonância com as demais normas e não pode entrar em contradição com essas. O princípio da concordância prática deve inspirar o leitor a interpretar a norma constitucional sem dar a essa um enfoque único. Aplicar o princípio da força normativa da Constituição significa interpretá-la de acordo com a realidade atual, no seu contexto histórico, socioeconômico, natural e técnico.

Diante da coexistência dos dois regimes no texto constitucional, poder-se-ia cogitar na existência de uma antinomia entre o artigo 7º, XXVIII, e o artigo 225, § 3º, da Carta Magna. No entanto, o conflito ora indicado é apenas aparente, porquanto a aplicabilidade de uma ou de outra diretriz às hipóteses surgidas na realidade fática será determinada pelas nuances do caso concreto, especialmente, da análise de danos causados aos trabalhadores em razão de meio ambiente de trabalho inseguro e inadequado.

Da interpretação sistemática da Carta Magna, dos princípios de proteção ao trabalhador (artigo 7º, *caput*), da redução dos riscos laborais (artigo 7º, XXII), da tutela ao meio ambiente equilibrado (artigo 225, *caput*) e do dever de todos de zelar pelo meio ambiente de trabalho equilibrado (artigo 225, § 3º), é possível concluir pela responsabilidade objetiva e solidária do tomador de serviços. O último dispositivo constitucional indicado não faz qualquer referência à necessidade de dolo ou culpa do agente agressor e o artigo 200, VIII, da mesma Constituição expressamente inclui o local de trabalho no conceito de meio ambiente[156].

O Professor Raimundo Simão de Melo sustenta a responsabilidade objetiva e solidária do tomador de serviços nos seguintes termos[157]:

> Pode-se afirmar de maneira inequívoca que a tutela constitucional do meio ambiente do trabalho aponta para a necessidade de que todos os particulares, no exercício de sua livre iniciativa, estejam vinculados ao dever de envidar esforços contínuos no sentido de reduzir os riscos à vida e à integridade física dos obreiros independentemente da existência de vínculo contratual com o detentor dos meios de produção, consagrando a correspondente responsabilidade objetiva e solidária de todos os causadores de danos ao meio ambiente laboral, mantendo-se em aberto às decisões em torno da aplicabilidade de tal sistemática à reparação dos acidentes e doenças do trabalho.

Em contrapartida, a responsabilidade subjetiva de que trata o inciso XXVIII do artigo 7º da Constituição Federal aplica-se somente aos acidentes que não decorram da degradação ambiental, ressalvados os eventos decorrentes das atividades de risco, cuja responsabilidade, como será analisada a seguir, é objetiva.

Pela máxima efetividade, busca-se a eficiência e eficácia da norma constitucional, devendo o intérprete considerar todo o conteúdo da norma sem desprezar qualquer ideia que faça parte do preceito constitucional, considerando todos os seus elementos integrantes para obter o melhor resultado na sua interpretação.

Responde solidariamente quem se omitir de um dever de tutela e prevenção ambientais, pois o meio ambiente sadio, pleno e global é um direito de todos e dever do Estado e da sociedade. A apuração da existência de responsabilidade civil por acidente e/ou doença do trabalho liga-se diretamente ao preceito constitucional de proteção aos trabalhadores contra os riscos inerentes ao trabalho. Trata-se de normas de saúde, higiene e segurança do trabalho, indisponíveis aos empregados, sendo de observância obrigatória tanto dos empregadores quanto daqueles que se beneficiam do trabalho obreiro, como o tomador de serviços.

O fato de o tomador de serviços, mantendo o obreiro vínculo empregatício com outra empresa, não exime a primeira de responder

---
(156) SALOMÃO, Karina Novah, *A responsabilidade do empregador nas atividades de risco*, 1. ed.; São Paulo: LTr, 2013. p. 155.
(157) MELO, Raimundo Simão, *Direito ambiental do trabalho e a saúde do trabalhador*, cit., p. 301.

por eventuais danos causados ao segundo ao prestar serviços em suas dependências, posto ser responsável pela segurança e fiscalização de todos e quaisquer trabalhadores que ali exerçam suas atividades.

O julgado a seguir transcrito ratifica a questão:

> A apuração da existência de responsabilidade civil por doença profissional adquirida, liga-se diretamente ao preceito constitucional de proteção dos trabalhadores contra os riscos inerentes ao trabalho (artigo 7º, XXII, CF/88). Trata-se de normas de saúde, higiene e segurança do trabalho, indisponíveis aos empregados, sendo de observância obrigatória tanto dos empregadores quanto daqueles que se beneficiam do trabalho obreiro, como o tomador de serviços. (TRT – 3ª Região, 2ª Turma, RO 01212-2005-060-03-00-4, Rel. Des. Jorge Berg de Mendonça, DJ. 04.05.2007).

Destaca-se, contudo, que a responsabilidade da empresa tomadora de serviços, quanto ao meio ambiente de trabalho, não implica concluir no sentido de que a empresa contratante seja responsável, em qualquer hipótese, pela reparação de danos impostos aos empregados da empresa prestadora de serviços.

A imposição da responsabilidade do tomador de serviços, na situação aqui tratada, mesmo que de natureza objetiva, está adstrita à verificação de suas próprias obrigações quanto à manutenção do meio ambiente do trabalho no estabelecimento em que se desenvolve a prestação de serviços. Necessário se faz analisar o descumprimento do nexo de causalidade entre o dano sofrido pelo trabalhador e as impróprias condições ambientes de trabalho naquele estabelecimento. Há situações em que o acidente e/ou doença do trabalho, sofridos pelo empregado da empresa prestadora de serviço, derivam de circunstâncias alheias à obrigação da empresa tomadora na manutenção do apropriado meio ambiente do trabalho.

Portanto, dos comandos constitucionais acima mencionados decorrem as responsabilidades objetiva e solidária do empregador e/ou tomador de serviços pelos acidentes de trabalho e/ou doenças ocupacionais sofridos pelos trabalhadores em razão de meio ambiente do trabalho inseguro e inadequado para o exercício das atividades laborais[158].

4.5 – Responsabilidade Civil do Tomador de Serviços e o Código Civil

Além dos comandos constitucionais já explicitados, o atual Código Civil também prevê a responsabilidade objetiva e solidária de todos aqueles que, pela sua atividade, causem danos ao meio ambiente ou potencializem a criação de risco para ele.

---

(158) MELO, Raimundo Simão, *Direito ambiental do trabalho e a saúde do trabalhador*, cit., p. 351-354.

O artigo 927 do Código Civil de 2002, após impor ao causador do dano a obrigação de sua reparação, prevê uma exceção à regra geral, admitindo idêntica obrigação, independentemente de culpa, nos casos especificados em lei, ou quando a atividade normalmente desenvolvida pelo autor do dano importar, por sua natureza, riscos para os direitos de outrem[159].

Reconheceu, portanto, o novo Código, a possibilidade de imposição de condenação a alguém por danos causados a terceiro, ainda que não demonstrada a existência de culpa ou dolo, em especial quando a atividade desenvolvida no empreendimento expõe o trabalhador a um risco considerável e habitual.

Em razão dos princípios e métodos próprios de interpretação e integração das fontes de Direito do Trabalho, em especial no que concerne à observância do princípio da norma mais favorável, os operadores atuantes da seara juslaboral externaram o usual entendimento de que o artigo 7º da Constituição Federal prevê tão somente um rol mínimo de direitos, não impedindo a criação de outros de maior ou melhor abrangência por regra infraconstitucional, ainda que tratando de um mesmo assunto.

Referido princípio, aliás, no que tange aos direitos dos trabalhadores urbanos e rurais, é expressamente reconhecido pelo próprio texto constitucional do *caput* do artigo 7º, que prevê a possibilidade de existência de direitos outros que visem à melhoria da condição social dos trabalhadores.

Merece relembrar, a propósito, que, baseando-se neste mesmo princípio, acabou se consolidando o entendimento de que não fere o inciso I do artigo 7º da Constituição Federal – que prevê a necessidade de Lei Complementar para a instituição de estabilidade no emprego – o artigo 118 da Lei Ordinária n. 8.213/91, que confere estabilidade provisória às vítimas de acidente de trabalho[160].

Nesse sentido, destacamos os ensinamentos do Professor Michel Olivier Giraudeau[161]:

> A constitucionalidade do artigo 118 da Lei n. 8.213/91 é questão já pacificada pela doutrina e jurisprudência, e o fundamento de sua aceitação é semelhante àquele que aponta para aplicação do parágrafo único do artigo 927 do Código Civil, na imputação da responsabilidade objetiva nas

---
(159) OLIVEIRA, Sebastião Geraldo, *Indenizações por Acidente de Trabalho ou Doença Ocupacional* São Paulo: LTr, 2009, 5. ed.;, p. 92-94.
(160) Supremo Tribunal Federal, Pleno, ADI n. 639-8, Rel. Ministro Joaquim Barbosa, DJ 21.10.2005.
(161) GIRAUDEAU, Michel Olivier, *Terceirização e responsabilidade do tomador de serviços*, cit., p. 127.

atividades de risco. Isso se dá no sentido de admitir-se, na esfera infraconstitucional, a ampliação do rol de direitos assegurados ao empregado pelo artigo 7º da Constituição Federal.

Sobre o tema, o julgado a seguir transcrito é bastante esclarecedor:

> A CF, no caput do artigo 7º, XXVIII, refere que a responsabilidade do empregador será subjetiva. No entanto, a mesma Constituição Federal consagrou o princípio da dignidade da pessoa humana, segundo o qual as pessoas deveriam ser tratadas como um fim em si mesmas, e não como um meio (objetos). Nesse contexto, conclui-se que a regra prevista no artigo 7º, XXVIII, da CF deve ser interpretada de forma sistêmica aos demais direitos fundamentais. Acrescente-se que os direitos elencados no artigo 7º, XXVIII são mínimos, não excluindo outros que visem à melhoria de sua condição social. Logo, o rol do artigo 7º, XXVIII, da CF, não é exaustivo. Uma vez demonstrado que o dano ocorreu pela natureza das atividades da empresa, ou seja, naquelas situações em que o dano é potencialmente esperado, não há como negar a responsabilidade objetiva do empregador. Recurso de embargos conhecido por divergência jurisprudencial e provido. (TST, Subseção I Especializada em Dissídios Individuais, E-ED-RR 9951600-43.2006.5.09.0664, Rel. Ministro Horácio Senna Pires, DJ 11.03.2011).

Ainda, a compatibilidade entre o artigo 927, parágrafo único, do Código Civil e a Constituição Federal decorre não só de sua conformidade com o princípio protetivo (artigo 7º, *caput)*, mas também com as diretrizes emanadas dos postulados da dignidade humana (artigo 1º, III), do valor social do trabalho (artigo 1º, IV), da função social da propriedade e da empresa (artigos 5º, *caput* e 170, III) e, finalmente, do meio ambiente equilibrado (artigo 225)[162].

Sendo assim, partindo-se de precedente já cristalizado, no qual se definiu pela sobreposição de direito previsto em legislação ordinária, entendemos ser perfeitamente aplicável às diretrizes do parágrafo único do artigo 927 do novo Código Civil, sempre que o acidente de trabalho e/ou doença ocupacional tenha ocorrido em atividade de risco.

A atividade de risco pressupõe maiores probabilidades de danos para as pessoas, o que normalmente já é reconhecido por estatísticas. Os danos são esperados e podem causar prejuízo a alguém, sendo que a natureza da atividade é a peculiaridade que vai caracterizar o risco capaz de ocasionar os acidentes de trabalho.

O Professor Raimundo Simão de Melo, ao discorrer sobre o artigo 927, parágrafo único, do Código Civil, refere-se ao tipo de risco nele previsto e à forma de sua caracterização da seguinte forma[163]:

> O que configura a responsabilidade objetiva pelo risco da atividade não é um risco qualquer, um risco normal inerente a qualquer atividade humana e/ou produtiva, mas a atividade

---
(162) SALOMÃO, Karina Novah, *A responsabilidade do empregador nas atividades de risco,* cit., p. 174-176.
(163) MELO, Raimundo Simão, *Direito ambiental do trabalho e a saúde do trabalhador,* cit., p. 288

cujo risco a ela inerente é um risco excepcional e incomum, embora previsível; é um risco que aumenta as possibilidades de ocorrência dos eventos danosos para as pessoas. Esse risco deve decorrer da atividade desenvolvida com regularidade por alguém, que não seja esporádica ou eventual. É a atividade potencialmente perigosa que alguém desenvolve costumeiramente na busca de um resultado, e que, pela experiência acumulada, já é capaz de se prever a ocorrência de acidentes com prejuízos para terceiros.

Na avaliação dos riscos da atividade para a ocorrência do dano debatido no caso concreto, são úteis os documentos laborais que consignam a existência de riscos ocupacionais (ASO), o Programa de Controle Médico de Saúde Ocupacional (PCMSO) e o Programa de Prevenção de Riscos Ambientais (PPRA).

Assim, quando os elementos do caso concreto indicarem que a atividade, na qual atuava o trabalhador, se define como de risco, incidirá a responsabilidade objetiva do seu empregador (direto), ainda que o risco se refira à atividade do tomador dos serviços e não da prestadora[164].

No entanto, em que pese o avanço do Código Civil nesse sentido, ele não considera o desequilíbrio labor-ambiental como um fato apto a ensejar, por si só, a responsabilidade objetiva dos organizadores dos fatos de produção pelos acidentes do trabalho, a teor do artigo 225, § 3º, da Constituição Federal, limitando-se a reconhecê-la tão somente naquelas hipóteses em que há um risco especial inerente às atividades regularmente desempenhadas.

Sendo assim, a disposição do artigo 927, parágrafo único, do Código Civil imputa a responsabilidade objetiva àquele que desenvolve atividade de risco se, em decorrência dessa circunstância, efetiva-se o dano. É certo, portanto, que o desenvolvimento de atividade que imponha ao trabalhador risco acentuado de acidentes e/ou doenças determina a aplicação da responsabilidade objetiva do causador do dano, e que esse critério também se aplica ao tomador de serviços.

Entendemos, contudo, que a imposição da responsabilidade objetiva, que sequer cogita da culpa do responsável, quando dirigida ao tomador de serviços, pressupõe que ele mesmo promova a referida atividade de risco, ou, ao menos, que admita a sua existência em suas instalações, porque se beneficia dessa tarefa, inserida em sua atividade empresarial.

---

(164) MELO, Raimundo Simão, *Direito ambiental do trabalho e a saúde do trabalhador, cit.*, p. 402.

Quanto à distribuição da responsabilidade para ambas as empresas, infere-se do artigo 933 combinado com o inciso III do artigo 932, ambos do Código Civil, que há previsão expressa no sentido de reconhecer como corresponsáveis pela reparação civil o empregador ou comitente, por seu empregados, serviçais e prepostos, no exercício do trabalho que lhes competir, ou em razão dele.

Defluiu dos dispositivos legais mencionados que alguém, mesmo não tendo praticado diretamente ato danoso para outrem, pode ter de responder pelas consequências desse ato, praticado por um terceiro com quem mantenha alguma relação jurídica estabelecida por lei ou contratualmente, sendo essa responsabilidade de natureza objetiva[165].

É o caso das terceirizações de serviços, em que existe um contrato entre o tomador e a empresa prestadora, pelo qual esta recebe ordens da contratante para a realização dos serviços objetos do contrato, na direção do interesse objetivado pela tomadora, que determina à contratada o modo como devem aqueles ser realizados, variando a fiscalização pela tomadora conforme cada caso.

A responsabilidade em face do contrato de prestação de serviços entre duas empresas coaduna-se com a figura do comitente e do preposto, sendo a empresa tomadora o comitente e a empresa prestadora o preposto. Não há dúvida de que, na terceirização, a empresa que terceiriza nada mais faz do que indicar um preposto (ou terceiro) para determinada atividade que não mais lhe interesse executar diretamente. Por essa razão, é possível concluir com razoável facilidade que em havendo acidente de trabalho ocorrido em contrato de terceirização, a empresa tomadora de serviços também responde objetivamente pelos danos decorrentes[166].

Nesse sentido, destacamos a lição do Professor e Ministro do Tribunal Superior do Trabalho Cláudio Brandão[167]:

> Pode-se concluir que, nos contratos de terceirização, deve prevalecer a regra da responsabilidade objetiva da empresa tomadora quanto aos empregados da fornecedora com base nos artigos 932, III, e 933, ambos do Código Civil, em relação aos acidentes causados aos empregados da empresa terceirizada, que nada mais é do que preposta da empresa tomadora de serviços.

---

(165) MELO, Raimundo Simão, *Direito ambiental do trabalho e a saúde do trabalhador*, cit., p. 398.
(166) GARCIA, Gustavo Filipe Barbosa, *Meio ambiente do trabalho*, cit., p. 126-128.
(167) BRANDÃO, Cláudio, *Acidente do trabalho e responsabilidade civil do empregador*, cit., p. 319.

A terceirização, portanto, não altera a natureza da responsabilidade quanto aos danos provenientes do acidente. Tratando-se de atividade normalmente desenvolvida em caráter de risco, o tomador dos serviços (comitente) responderá de forma objetiva e solidária pelos danos causados pelos empregados do fornecedor dos serviços (preposto).

Em outras palavras, a responsabilidade do tomador de serviços será não só objetiva como solidária, por imposição do parágrafo único do artigo 942 do Código Civil, que estabelece a responsabilidade solidária com os autores e as pessoas designadas no referido artigo 932.

Sendo assim, nos casos de terceirização de atividades e serviços, todos aqueles que compõem a rede produtiva e de benefícios da atividade final devem responder solidariamente pelos prejuízos causados ao trabalhador.

A jurisprudência vem adotando este entendimento nos casos de acidente de trabalho:

> Como regra geral, a tomadora de serviços responde subsidiariamente pelos débitos trabalhistas da empregadora formal, nos moldes da Súmula 331 do TST. Ocorre que, nas relações triangulares de trabalho, o empreendedor, ao transferir a terceiro a execução de parte de suas atividades, deve atuar com diligência na escolha da empresa prestadora, sob pena de ficar configurada a culpa *in eligendo* ou a culpa *in contrahendo*. Afora isso, compete-lhe fiscalizar o fiel cumprimento do contrato de prestação de serviços, da legislação trabalhista e das normas sobre saúde, higiene e segurança do trabalho, sob pena de ficar caracterizada a culpa *in vigilando*. Assim, na hipótese de reparação civil decorrente de acidente de trabalho, em face da aplicação da legislação civil (artigo 942 do Código Civil), deve ser reconhecida a solidariedade de todos aqueles que se beneficiaram da prestação de serviços. (TRT – 3ª Região, 10ª Turma, RO 0060200-34.2009.5.03.0103, Rel. Juíza Convocada Taísa Macena de Lima, DJ 21.09.2010).

> O descumprimento das regras elementares de segurança, previstas na Lei n. 7.102/83, revela a culpa inescusável do banco tomador dos serviços, da qual também participou a empregadora, ao colocar o reclamante em posto de trabalho sem o mínimo de proteção exigido. O evento danoso (assalto) que resultou na paraplegia do empregado, insere-se no risco do negócio, e não da atividade profissional. Além disso, deve ser atribuído à conduta negligente das reclamadas que, pelo menos até então, não se preocuparam em guarnecer o local, mostrando descaso não só com os seus vigilantes, mas com os seus clientes, funcionários e público em geral. Devem responder, portanto, de forma solidária, pela reparação dos danos morais e materiais sofridos pelo autor. (TRT – 15ª Região, RO 00815-2005-022-15-00-7, Rel. Des. Mariane Khayat, DJ 17.03.2006).

Por fim, é plenamente possível compatibilizar o entendimento ora defendido com o item IV da Súmula 331 do Colendo Tribunal Superior do Trabalho, que prevê a responsabilidade apenas subsidiária do tomador de serviços.

Isso porque referido texto faz alusão expressa ao inadimplemento das obrigações trabalhistas, omitindo-se quanto às obrigações civis, às quais melhor se amolda o tema de reparação por danos causados. A responsabilidade subsidiária prevista na súmula mencionada é restrita aos direitos decorrentes diretamente do contrato de trabalho e previstos nas normas de Direito do Trabalho, os quais são usualmente denominados direitos trabalhistas, não abrangendo os direitos civis de reparação de danos, previstos no Código Civil.

4.6 – Responsabilidade Civil do Tomador de Serviços e a Lei Ambiental n. 6.938/81

Também a Lei n. 6.938/81, devidamente recepcionada pela atual Constituição Federal, conhecida por Lei de Proteção ao Meio Ambiente, traz previsão expressa de responsabilidade objetiva na reparação de dano causado por poluição ou degradação ambiental[168].

Essa responsabilização objetivamente considerada se funda na ideia de se impor ao poluidor e causador de danos toda a responsabilidade decorrente, com despesas de restituição e recomposição dos danos, prevenção, reparação e repressão.

A obrigatoriedade da reparação em comento foi, inclusive, confirmada pela atual Constituição Federal, ao dispor em seu artigo 225, § 3º, que as condutas e atividades consideradas lesivas ao meio ambiente sujeitarão os infratores, pessoas físicas ou jurídicas, a sanções penais e administrativas, independentemente da obrigação de reparar os danos causados.

Quanto à tipificação dos fatos que envolvem a responsabilidade objetiva do empregador e/ou tomador de serviços por acidentes ou doenças do trabalho abrangidas pela lei em comento, nos termos do artigo 14, § 1º, é o poluidor obrigado, independentemente da existência de culpa, a indenizar ou reparar os danos causados ao meio ambiente e a terceiros, afetados por sua atividade.

Nesse sentido, o Professor Raimundo Simão de Melo assevera que[169]:

> É importante sublinhar nesse particular o entendimento de que, em tendo sido recepcionada a referida Lei n. 6.938/81 pela Constituição Federal de 1988, está também consagrada a responsabilidade objetiva do causador do dano ambiental no que diz respeito aos interesses individuais pelo dano ao meio ambiente, além, evidentemente, dos metaindividuais.

---

(168) ROMITA, Arion Sayão, *Direitos fundamentais nas relações de trabalho*, cit., p. 393.
(169) MELO, Raimundo Simão, *Direito ambiental do trabalho e a saúde do trabalhador*, cit., p. 302.

Dessa forma, mostram-se irrelevantes no caso a prova da culpa do causador do dano, bem como a demonstração de ilegalidade do ato, pois a responsabilidade por danos ambientais é objetiva, bastando a prova da ação ou omissão do agente, o dano e a relação de causalidade entre o ato e o dano causado ao meio ambiente e a terceiros prejudicados.

No mesmo sentido se posiciona a jurisprudência:

> A Constituição Federal adota conceito abrangente de meio ambiente, assegurando a vida da fauna e flora marítima por indissociável à preservação da vida humana, direito fundamental do homem (art. 225). O Artigo 225, § 3º, da Carta Magna adverte que as condutas e atividades consideradas lesivas ao meio ambiente sujeitarão os infratores, pessoas físicas ou jurídicas, a sanções penais e administrativas, afora a obrigação de reparar os danos causados. A reparação dos danos ambientais é objetiva, consoante previsão do art. 14, § 1º da Lei 6.938 /81, art. 14, § 1º, norma recepcionada pelo § 3º do art. 225 da Carta Política. Não procede a alegação de diminuta quantidade de substância, derramada na região estuária do Porto de Santos, para fins de afastar a responsabilidade, pois vidas marinhas se perderam ocasionando efeito sanfona em todo o ecossistema, obstando até se mensurar as conseqüências. Da prova do evento danoso, do nexo de causalidade entre a ação do agente e da lesão ambiental, advém o dever de indenizar. Apelação do MPF provida. Apelação da ré desprovida. (TRF – 3ª Região, 4ª Turma, AC 98.03.038955-6/SP, Rel. Des. Federal Alda Basto, DJ 15.04.2010).

> A responsabilidade patrimonial do empregador por acidente ocorrido no meio ambiente de trabalho é objetiva, de acordo com o artigo 14, § 1º, da Lei 6.938 /81. O acidente insere-se no conceito de poluição, previsto no artigo 3º, inciso III, alínea a desta lei, tendo em vista que decorreu de ausência de higidez do meio ambiente laboral. Pelo princípio do poluidor-pagador, responde objetivamente o empregador pela degradação do meio ambiente de trabalho, não havendo falar em culpa exclusiva da vítima, pois os custos oriundos dos danos provocados ao entorno ambiental ou a terceiros direta ou indiretamente expostos, como os trabalhadores, devem ser internalizados. Inteligência dos art. 200, VIII e 225 da Constituição da República, do Princípio 16 da Declaração do Rio (1992) e do artigo 4º, VII da Lei 6.938 /81. (TRT – 3ª Região, 1ª Turma, RO 0001696-58.2012.5.03.0029, Rel. Des. José Eduardo Resende Chaves, DJ 05.09.2014).

Sobre o conceito do termo poluição, a própria lei explicita sua abrangência, dispondo no artigo 3º, III, que significa a degradação da qualidade ambiental resultante de atividades que direta ou indiretamente prejudiquem a saúde, a segurança e o bem-estar da população.

O artigo 3º da Lei n. 6.938/81 impõe aos responsáveis pelos meios de produção os deveres objetivos de evitar implementação de medidas que resultem no desequilíbrio do meio ambiente laboral, de modo a ocasionar potenciais danos à integridade física dos trabalhadores e de agir no sentido de eliminar os fatos que porventura estejam concorrendo para tal degradação.

Cumpre ressaltar que a própria Constituição Federal expressamente incluiu o meio ambiente do trabalho no conceito genérico de meio ambiente, conforme se infere do artigo 200, inciso VIII, não havendo, portanto, qualquer dúvida de que se o acidente ou doença de que foi vítima o trabalhador for decorrente da degradação da qualidade do meio ambiente do trabalho não haverá necessidade de prova de culpa ou dolo do causador do dano.

Pode-se dizer, portanto, que a poluição do meio ambiente de trabalho é um risco proibido pelo ordenamento jurídico brasileiro. Exatamente por essa razão, a responsabilidade pelos acidentes de trabalho decorrentes de tal espécie de degradação será aferida pela averiguação, em concreto, em torno da existência ou não de um desequilíbrio labor-ambiental provocado por ação ou omissão do empregador e/ou tomador de serviços e do nexo de causalidade entre este último e o resultado lesivo, não havendo razão para perquirir-se, portanto, o elemento subjetivo do empregador-poluidor ou de seus prepostos (culpa e dolo), sendo esse, exatamente, o sentido subjacente ao artigo 14, § 1º, da Lei n. 6.938/81.

Com efeito, desequilíbrios labor-ambientais são ocasionados por fatores inerentes à organização inadequada dos espaços de trabalho por parte dos empregadores e/ou tomadores de serviços que, por não observarem as cautelas necessárias à preservação da higidez física e psíquica dos obreiros, criam ameaças a esta última, mesmo quando a atividade não envolva riscos inerentes, tal como exigido, em abstrato, pelo artigo 927, parágrafo único, do Código Civil.

Importante registro deve ser feito, pois a lei de proteção ambiental faz menção expressa à reparação pelo prejuízo causado a terceiros. Dessa forma, em se tratando de contrato de terceirização, se em decorrência de poluição causada pela empresa tomadora de serviços houver um acidente de trabalho do qual foi vítima um prestador de serviço, não há qualquer dúvida quanto a ser plenamente cabível a responsabilização objetiva do tomador de serviços.

4.7 – Responsabilidade Civil do Tomador de Serviço e a Convenção n. 155 da Organização Internacional do Trabalho - OIT

A Organização Internacional do Trabalho, entidade ligada à Organização das Nações Unidas e criada na Conferência de Paz após a Primeira Guerra Mundial com a finalidade precípua de fomentar a observância aos direitos sociais, tem desenvolvido relevante trabalho por meio da edição de suas Convenções Internacionais.

Dentre elas, várias dizem respeito, direta ou indiretamente, à saúde e segurança do trabalhador, traçando diretrizes a serem seguidas pelos Estados-membros como forma de se assegurar que empregadores e tomadores de serviços, assim como os próprios trabalhadores, colaborem com a instituição de um ambiente de trabalho saudável.

Dentre as principais Convenções Internacionais da Organização Internacional do Trabalho - OIT ratificadas pelo Brasil, e que têm como objeto direto a saúde ou segurança do trabalho, a Convenção n. 155 é, sem dúvida, a de maior abrangência, a qual foi ratificada em maio de 1992, com vigência nacional em maio de 1993 e promulgada através do Decreto n. 1.254, de 29 de setembro de 1994.

Prevê a Convenção n. 155 da OIT a implantação de política pública nacional, que terá como objetivo prevenir os acidentes e os danos à saúde que forem consequências do trabalho e tenham relação com a atividade de trabalho, ou se apresentarem durante o trabalho, reduzindo ao mínimo as causas dos riscos inerentes ao meio ambiente de trabalho.

Não se evidencia claramente da aludida convenção a previsão de responsabilidade objetiva, seja do empregador, seja do tomador de serviços, o que restringe ao Direito interno a análise deste tema. Entretanto, quanto à responsabilidade subsidiária ou solidária do tomador de serviços, o artigo 6º da Convenção n. 155 da OIT dá mostra de sua intenção de distribuir a responsabilidade por todos os setores envolvidos, sem exclusão de nenhum, com vista a assegurar sua plena consecução[170].

Dispõe o mencionado artigo que a política nacional deverá determinar as funções e responsabilidades respectivas, em matéria de segurança e saúde dos trabalhadores e meio ambiente de trabalho, das autoridades públicas, dos empregadores, dos trabalhadores e de outras pessoas interessadas, levando em conta o caráter complementar dessas responsabilidades.

Ainda, o artigo 17º da Convenção n. 155 da OIT prevê expressamente que sempre que duas ou mais empresas desenvolverem simultaneamente atividades num mesmo local de trabalho, as mesmas terão o dever de colaborar na aplicação das medidas de segurança e saúde de todos os trabalhadores.

A regra transcrita é bastante assertiva no sentido de determinar igualmente a responsabilidade tanto do tomador quanto da empresa prestadora de serviços pela implementação das medidas de saúde e segurança do trabalhador no seu ambiente do trabalho.

O artigo mencionado elucida de vez a questão, deixando claro que a responsabilidade é de ambas, o que, em outras palavras, importa

---

(170) FERNANDES, Fábio, *Meio ambiente geral e meio ambiente do trabalho*, cit., p. 169-171.

reconhecer a solidariedade entre elas na obrigação de prevenir os acidentes e, consequentemente, na de reparar os prejuízos deles decorrentes[171].

O julgado a seguir transcrito é bastante esclarecedor acerca da responsabilidade solidária do tomador de serviços prevista na Convenção n. 155 da OIT:

> A responsabilidade solidária entre tomador e prestador de serviços pela garantia de higidez do meio ambiente laboral foi consagrada no artigo 17 da Convenção 155 da OIT, ratificada pela República Federativa do Brasil em 1992. Referida convenção traz disposições que denotam o dever empresarial de aprimoramento contínuo da segurança no trabalho, a fim de implementar novas técnicas que evitem a ocorrência de infortúnios, garantindo a preservação da saúde e integridade física dos trabalhadores, empregados ou terceirizados. Respondem solidariamente, portanto, a tomadora e a prestadora do trabalho pelos danos sofridos pelo trabalhador em decorrência de acidente do meio ambiente de trabalho, com observância do princípio da restituição integral para o arbitramento das indenizações (artigos 1º, III e 3º, I da Constituição da República e artigos 944 e 949 do Código Civil). (TRT – 3ª Região, 1ª Turma, RO 0000375-94.2011.5.03.0102, Rel. Des. José Eduardo Resende Chaves Junior, DJ 01.10.2014).

A Carta Magna assumiu como componentes do ordenamento jurídico brasileiro as normas constantes de tratados e convenções internacionais, elevando-as ao nível constitucional e tomando-as como paradigma de interpretação do próprio texto constitucional[172].

É possível dizer, portanto, que ainda que o artigo 7º, XXVIII, da Constituição Federal somente faça alusão à responsabilidade do empregador, nada dizendo quanto ao tomador de serviços, quando o mesmo texto constitucional albergou os direitos previstos em normas internacionais, legitimou, dentre eles, a Convenção n. 155 da OIT, que prevê a responsabilidade solidária de todas as empresas que atuam no mesmo local onde o serviço é prestado.

Ressalta-se, ainda, que referida Convenção tem nítido viés de proteção de direitos humanos, o que traz à discussão também o § 3º do artigo 5º da Constituição Federal, que determina que os tratados e convenções internacionais sobre direitos humanos que forem aprovados, em cada Casa do Congresso Nacional, em dois turnos, por três quintos dos votos dos respectivos membros, serão equivalentes às emendas constitucionais.

Ainda, que a Convenção n. 155 da OIT não tenha passado pelo processo próprio de emenda à Constituição Federal, admitindo-se, assim, não se tratar de um texto de nível constitucional sob o aspecto

---
(171) SANTOS, Enoque Ribeiro, *Responsabilidade objetiva e subjetiva do empregador, cit.*, p. 166.
(172) Artigo 5º, § 2º, da CF/88 – Os direitos e garantias expressos nesta Constituição não excluem outros decorrentes do regime e dos princípios por ela adotados, ou dos tratados internacionais em que a República Federativa do Brasil seja parte.

formal, não se pode negar sua hierarquia constitucional, ao menos sob o ponto de vista material.

Dessa forma, seguindo a doutrina acolhida pelo Supremo Tribunal Federal, a Convenção Internacional de n. 155 da OIT detém o *status* de norma supralegal, devendo ser aplicada mesmo quando em desconformidade com o ordenamento jurídico infraconstitucional.

Seja por um ou por outro argumento, o fato é que a Convenção n. 155 da OIT detém *status,* no mínimo, de norma supralegal, sendo de aplicação imediata e de observância obrigatória no plano interno, o que leva à conclusão de que a responsabilidade pela prevenção e indenização relativas a acidentes do trabalho é solidária entre as empresas prestadora e tomadora de serviços.

4.8 – Responsabilidade Civil do Tomador de Serviços e as Normas Regulamentadoras do Ministério do Trabalho e Emprego - NRs

A Consolidação das Leis do Trabalho (CLT) contém disposições expressas no sentido de que o Ministério do Trabalho e Emprego detém competência para estabelecer normas pertinentes à prevenção de acidentes e doenças ocupacionais. Nessa esteira axiológica, não restam dúvidas de que a Carta Constitucional de 1988 recepcionou a Portaria n. 3.214/78 do Ministério do Trabalho e Emprego e suas inúmeras Normas Regulamentadoras (NRs) de observância obrigatória por todos os responsáveis dos meios de produção.

A fim de não pairar dúvida, cabe lembrar que o Supremo Tribunal Federal já examinou este tema quando da Ação Direta de Inconstitucionalidade n. 1.347-5, interposta pela CNT (Confederação Nacional de Transportes), incidente sobre os Atos que reformularam as NR-7 (PCMSO) e NR-9 (PPRA) previstas na Portaria n. 3.214/78 do Ministério do Trabalho e Emprego. Além de não conhecer da aludida ADI n. 1.347-5, o STF, em sua composição plena, fez questão de registrar que "a preservação da saúde da classe trabalhadora constitui um dos graves encargos de que as empresas privadas são depositárias, encontrando-se as NRs revestidas de perfeita normatividade, máxime porque prestigiam o princípio da unidade da Constituição", nos termos do que dispõe o artigo 1º, IV, da Carta Magna.

Depreende-se das Normas Regulamentadoras do Ministério do Trabalho e Emprego o procedimento adotado pelo responsável dos meios de produção, cujo escopo é a proteção e a segurança do trabalhador, bem como a prevenção de acidente e doença do trabalho.

Àquele compete proteger os trabalhadores contra males deste tipo, bem como zelar pelo respeito e aplicação das normas de segurança no ambiente de trabalho.

As Normas Regulamentadoras editadas pelo Ministério do Trabalho e Emprego servem de orientação aos empregadores e tomadores de serviços, regulamentando, de certa forma, os dispositivos celetários que tratam da saúde e da segurança do trabalhador.

A Norma Regulamentadora n. 1 do Ministério do Trabalho e Emprego estabelece o campo de aplicação de todas as Normas Regulamentadoras de segurança e medicina do trabalho, bem como o direito e obrigações do Poder Público, empregador e dos trabalhadores atinente à colaboração do meio ambiente de trabalho adequado e seguro.

A Norma Regulamentadora n. 4 (Serviços Especializados em Engenharia de Segurança e Medicina do Trabalho) do Ministério do Trabalho e Emprego estabelece a obrigatoriedade das empresas públicas e privadas que possuam empregados regidos pela CLT de organizarem e manterem em funcionamento Serviços Especializados em Engenharia de Segurança e Medicina do Trabalho – SESMT, com a finalidade de promover a saúde e proteger a integridade do trabalhador, no local de trabalho, tendo sua existência jurídica assegurada em nível de legislação ordinária, por meio do artigo 162 da CLT.

Registre-se que, nos termos da NR-4, itens 4.5, 4.5.1 e 4.5.2, é da empresa tomadora de serviços o dever de estender seus serviços de segurança e medicina do trabalho aos empregados da empresa prestadora de serviços.

A Norma Regulamentadora n. 5, item 5.5, do Ministério do Trabalho e Emprego determina que a empresa contratante adote as providências necessárias para acompanhar o cumprimento pelas empresas contratadas que atuam no seu estabelecimento das medidas de segurança e saúde no trabalho. Verifica-se que são fixados mecanismos de ação integrada da gestão das empresas na órbita da saúde dos trabalhadores.

A dinâmica da NR-5, portanto, centraliza-se na corresponsabilidade das empresas (contratante e contratada) pela saúde do trabalhador a partir do regramento do art. 157 da CLT, ou seja, de que a empresa tomadora de serviços deve "cumprir e fazer cumprir as normas de segurança e medicina do trabalho" pela empresa terceirizada exatamente em razão da responsabilidade solidária que ambas possuem em caso de acidente de trabalho de empregado da empresa prestadora de serviços.

A Norma Regulamentadora n. 6 (Equipamentos de Proteção Individual) do Ministério do Trabalho e Emprego define a forma de proteção, requisitos de comercialização e responsabilidade do empregador e tomador de serviços, tendo sua existência jurídica assegurada em nível de legislação ordinária, por meio dos artigos 166 e 167 da CLT.

A Norma Regulamentadora n. 7 (Disposições Gerais) do Ministério do Trabalho e Emprego estabelece a obrigatoriedade de elaboração e implantação do Programa de Controle Médico de Saúde Ocupacional, por parte de todos os empregadores e instituições, com o objetivo de monitorar individualmente aqueles trabalhadores expostos aos agentes químicos, físicos e biológicos definidos pela Norma Regulamentadora n. 9 (Programa de Prevenção de Riscos Ambientais), tendo sua existência jurídica assegurada em nível de legislação ordinária, por meio dos artigos 168 e 169 da CLT.

A NR-7 fixa expressamente a responsabilidade da empresa contratante em informar os riscos da atividade desenvolvida e de implementar os programas preventivos em face da corresponsabilidade entre as empresas.

A Norma Regulamentadora n. 8, item 8.1, do Ministério do Trabalho e Emprego impõe requisitos técnicos a serem observados nas edificações, com o fim de garantir segurança e conforto de todos os trabalhadores que nelas trabalham.

A Norma Regulamentadora n. 9 do Ministério do Trabalho e Emprego prevê medidas de ações integradas para a proteção de todos os trabalhadores expostos aos riscos ambientais.

A Norma Regulamentadora n. 10 do Ministério do Trabalho e Emprego prevê a responsabilidade solidária dos contratantes e contratados sobre o seu cumprimento, bem como o estabelece o compartilhamento entre as empresas das informações atinentes aos riscos e à adoção das medidas preventivas ao meio ambiente de trabalho.

A Norma Regulamentadora n. 12 (Máquinas e Equipamentos) do Ministério do Trabalho e Emprego estabelece as medidas de prevenção de segurança e higiene do trabalho a serem adotadas na instalação, operação e manutenção de máquinas e equipamentos, visando à prevenção de acidente do trabalho, tendo sua existência jurídica assegurada em nível de legislação ordinária, por meio dos artigos 184 e 186 da CLT.

A Norma Regulamentadora n. 15 (Atividades e Operações Insalubres) do Ministério do Trabalho e Emprego define em seus anexos os agentes insalubres, limites de tolerância e os critérios técnicos e legais para avaliar e caracterizar as atividades e operações insalubres, tendo sua existência jurídica assegurada em nível de legislação ordinária por meio dos artigos 189 e 192 da CLT.

Consta da Norma Regulamentadora n. 17 do Ministério do Trabalho e Emprego, que trata do item riscos ergonômicos, orientação acerca das condições de trabalho às características físicas e limitações individuais do ser humano, estabelecendo parâmetros que permitam a adaptação das condições de trabalho às condições psicofisiológicas dos trabalhadores, de modo a proporcionar um máximo de conforto, segurança e desempenho eficiente (acessórios ergonômicos), tendo sua existência jurídica assegurada em nível de legislação ordinária, por meio dos artigos 198 e 199 da CLT.

A Norma Regulamentadora n. 22 (Segurança e Saúde na Mineração) e a Norma Regulamentadora n. 24 (Condições Sanitárias e de Conforto nos Locais de Trabalho) do Ministério do Trabalho e Emprego também estabelecem dispositivos sobre a responsabilidade da empresa contratante, inclusive para que as medidas de higiene e segurança sejam estendidas aos trabalhadores terceirizados.

As referidas disposições impõem a corresponsabilidade da tomadora e prestadora de serviços atinente à implementação de medidas para a proteção e adequação do meio ambiente do trabalho.

Nessa perspectiva, as Normas Regulamentadoras (NRs - Portaria n. 3.214/78) são formatadas para, dentre outros aspectos, instrumentalizar a ação responsável dos empregadores com a saúde e segurança do trabalho, inclusive no que concerne ao interrelacionamento das empresas na cadeia produtiva com os respectivos deveres e responsabilidades de ordem solidária.

Ainda como atitude necessária, o empresário deve reconhecer e dar conhecimento ao prestador de serviços de que a atividade é de risco e pode causar danos, prestando informação pormenorizada dos riscos da operação a executar.

Nesse sentido caminha a jurisprudência:

> Em caso de acidente do trabalho, todos os beneficiários diretamente pela prestação laboral do trabalhador devem ser responsabilizados, independentemente do vínculo empregatício, pois quem contrata prestador de serviços tem o dever jurídico de fiscalizar não apenas o objeto do contrato, que é mero patrimônio material, mas também e primordialmente as condições de segurança em que os serviços são prestados, uma vez que a vida, a saúde e a integridade física das pessoas devem receber proteção jurídica em ordem de prioridade em relação ao simples bens materiais. (TRT – 12ª Região, RO 08237-2005-014-12-00-9, Rel. Des. Amarildo Carlos de Lima, DJ 03.10.2007).

A responsabilidade solidária da tomadora de serviços, em se tratando de terceirização, decorre da aplicação conjunta da regra constante dos artigos 932, III, 933 e 942 do Código Civil, segundo a qual tanto a prestadora quanto a empresa contratante respondem solidariamente pelos prejuízos que o trabalhador vier a sofrer no exercício de suas atividades. É que, mesmo quando regular a contratação, é dever de ambas oferecer àquele que aliena a sua força de trabalho, independentemente das cláusulas avençadas, um ambiente laboral saudável, proporcionando-lhe as medidas de segurança necessárias ao desenvolvimento sadio da tarefa para a qual foi contratado, nos termos da NR-4 da Portaria n. 3.214/78 do Ministério do Trabalho e Emprego. (TRT – 4ª Região, 9ª Turma, RO 01981-2005-030-04-00-5, Rel. Juiz Convocado Marçal Henri dos Santos Figueiredo, DJ 19.08.2009).

São fundamentais a preparação para o exercício da atividade e o respectivo treinamento. A contratação de empresa especializada para fazer a preparação ergonômica de seus colaboradores demonstra a consciência e o respeito à pessoa humana do colaborador. Também, a fiscalização e o rigor na punição são investimentos na prevenção, evitando o contencioso.

CONCLUSÃO

O direito não deve ser um mero esquema de organização social, conforme defenderam Kelsen e seus adeptos. Ele deve atingir os anseios dos homens que estão tutelados por seus princípios, disciplinando o agir humano no âmbito da sociedade e resolvendo todas as questões conflitantes que envolvem problemas legais.

Os direitos fundamentais são conhecidos como de primeira dimensão (direitos de liberdade), de segunda dimensão (direitos da igualdade), de terceira dimensão (direitos da solidariedade e da fraternidade), e são formulados constitucionalmente como princípios normativos, que, na visão pós-positivista, são aplicados diretamente e vinculam as entidades públicas e privadas.

Os direitos fundamentais de terceira dimensão estão relacionados diretamente à saúde e segurança do trabalho. A efetivação dos direitos fundamentais trabalhistas, a adoção de medidas capazes de promover um ambiente de trabalho decente e seguro e o respeito à dignidade do obreiro são pressupostos da responsabilidade social do empregador e/ou tomador de serviços. Ademais, a Constituição Federal elevou a dignidade da pessoa humana à categoria de valor supremo e fundante de todo o ordenamento jurídico brasileiro.

A proteção ao meio ambiente de trabalho é expressamente reconhecida pela Constituição Federal como consequência da proclamação do direito à saúde e segurança do trabalhador. Ademais, o ambiente ecologicamente equilibrado constitui direito fundamental de todos e, em consequência, o ambiente de trabalho saudável constitui direito fundamental dos trabalhadores.

Diversas razões sociais e econômicas, aliadas ao fenômeno da globalização, provocaram acentuadas transformações no mundo do Direito do Trabalho, especialmente a partir do último século. Nesse contexto, a entrega a terceiro de determinado serviço, não incluído nos fins sociais da empresa, para que esse o realize habitualmente e com empregados próprios, tem sido vista como inevitável para a busca de melhoria no sistema de produção, uma vez que as atividades acessórias, de importância secundária para o empreendimento, acabam por desperdiçar o tempo, a tecnologia, os recursos humanos e o investimento que poderiam ser destinados apenas às atividades-fim da empresa.

Assim, as empresas prestadoras de serviços, por sua vez, colocam o empregado para prestar serviços dentro da empresa tomadora de serviços, sendo que esta também é responsável pela segurança e saúde dos trabalhadores. Portanto, as normas que dispensam proteção ao trabalhador quanto à saúde e à segurança sujeitam a empresa contratante não só em face de seus próprios empregados, mas também perante os da empresa contratada.

Entretanto, muito embora se reconheça um crescente trabalho do Poder Público na conscientização acerca da prevenção aos acidentes de trabalho, o fato é que o nosso país está longe de se ver excluído da lista dos dez países com maior número de acidente de trabalho do mundo. Os números dos estatísticos são ainda mais preocupantes quando se tem em mira especificamente a categoria dos empregados terceirizados, os quais representam a grande maioria das vítimas.

Sendo assim, diante da instabilidade das empresas prestadoras de serviços, surge o questionamento quanto à possibilidade de serem cobrados os direitos indenizatórios diretamente do tomador de serviços pelo acidente de trabalho havido em razão do meio ambiente de trabalho inadequado, com o escopo de concretizar os ideais de justiça e solidariedade, como supedâneo aos direitos fundamentais.

A observância das normas de segurança e medicina do trabalho não se impõe apenas na relação jurídica entre a empresa e seus empregados. Estende-se às relações travadas pela empresa contratante e os empregados da contratada, no tocante a estes, quando ocorre a terceirização dos serviços.

O entendimento previsto no item IV da Súmula 331 do colendo TST prevê a responsabilidade subsidiária do tomador de serviços. Entretanto, o referido texto faz alusão expressa apenas ao inadimplemento das obrigações trabalhistas, omitindo-se quanto às obrigações civis. Dessa forma, a responsabilidade subsidiária prevista na súmula mencionada está restrita aos direitos decorrentes diretamente do contrato de trabalho e previstos nas normas de Direito do Trabalho, os quais são usualmente denominados direitos trabalhistas, não abrangendo os direitos civis de reparação.

A espantosa quantidade de acidente e doença do trabalho registrados no Brasil, e em especial no setor de terceirização, impõe a necessidade de se avaliar novas formas de responsabilização tanto do empregador quanto do tomador de serviços, como mecanismos disciplinares, pedagógicos, preventivos e punitivos que visem melhorar a condição de labor dessa categoria de trabalhadores.

O instituto da responsabilidade civil e seus fundamentos no Direito Brasileiro vêm passando por verdadeira revolução em razão da ampliação dos casos de responsabilidade objetiva, o que representa, de certo modo, o abandono da ideia da culpa aquiliana como fundamento exclusivo do dever de reparação de dano.

Nesse sentido, a responsabilidade civil do tomador de serviços pelos danos causados à saúde e integridade física e psíquica do trabalhador, decorrentes de meio ambiente laboral inadequado e/ou atividades de risco, é objetiva e quanto ao fundamento, aplicam-se o artigo 225, § 3º, da Constituição Federal, o artigo 14 da Lei n. 6938/81, a Convenção n. 155 da Organização Internacional do Trabalho - OIT e Normas Regulamentadoras do Ministério do Trabalho e Emprego.

Ainda, se o tomador de serviços desenvolve atividade que, por sua natureza, imponha maior probabilidade de riscos aos trabalhadores, há responsabilidade objetiva daquele em relação ao trabalhador prejudicado, desde que verificado o nexo de causalidade entre a lesão e as condições de risco, inerentes à atividade desenvolvida, com fundamento no artigo 927, parágrafo único, do Código Civil.

Nos demais casos prevalece a responsabilidade subjetiva do empregador e/ou tomador de serviços, amparada pelo artigo 7º, XXVIII, da Constituição Federal, pelo dano causado ao trabalhador, que deve ser originado por ato danoso ou culposo.

Portanto, da colação de tais dispositivos, depreende-se que o regime geral continua sendo o do inciso XXVIII do artigo 7º da Constituição Federal, ou seja, a indenização pelo autor do dano deve ocorrer quando comprovada sua conduta dolosa ou culposa. Contudo, há regimes especiais que impõem a indenização independentemente da existência do elemento subjetivo. O primeiro se dá nos casos expressos em lei ou quando o dano decorrer de risco típico e acentuado da atividade normalmente desenvolvida (Código Civil, artigo 927, parágrafo único). O segundo regime especial ocorre quando o dano causado ao trabalhador decorrer de meio ambiente de trabalho inseguro e inadequado. Nesse caso, a regra geral cede lugar à norma de maior interesse público, aplicando-se a responsabilidade objetiva de que trata o artigo 225, § 3º, da Carta Magna.

Quanto à distribuição da responsabilidade, da mesma forma os textos legais mencionados permitem concluir pela responsabilidade solidária do empregador e o tomador de serviços na reparação civil.

Cumpre ressaltar, também, que o Direito Internacional contribui para esse entendimento, na medida em que prevê a Convenção n. 155 da Organização Internacional do Trabalho - OIT, ratificada e em pleno vigor no Brasil há mais de 20 (vinte) anos, a responsabilidade de todas as empresas que exercerem suas atividades num mesmo local pela implantação das medidas de proteção à saúde e segurança do trabalhador necessárias à prevenção dos infortúnios laborais.

Conclui-se, portanto, que o ordenamento jurídico pátrio permite a aplicação da teoria da responsabilidade objetiva ao tomador de serviços pelos danos causados aos trabalhadores, quando a atividade for de risco ou quando o acidente e/ou doença ocupacional for decorrente de meio ambiente de trabalho inseguro e inadequado, bem como sua condenação solidária pela reparação do prejuízo.

Deixamos claro que nossa intenção não foi a de esgotar o assunto; ao contrário, estivemos voltados para lançar ideias iniciais, de molde a propiciar o debate em torno da questão, sendo de fundamental importância para a consolidação do Estado Democrático de Direito.

REFERÊNCIAS BIBLIOGRÁFICAS

AMARAL, Julio Ricardo de Paula; *Eficácia dos direitos fundamentais nas relações trabalhistas*, 2. ed.; São Paulo: LTr, 2014.

BARROS, Alice Monteiro; *Curso de direito do trabalho*, 4. ed.; São Paulo: LTr, 2008.

BARROSO, Luis Roberto; *O Direito vonstitucional e a efetividade de suas normas. Limites e possibilidades da constituição brasileira*, 9. ed.; Rio de Janeiro: Renovar, 2009.

BRANDÃO, Cláudio; *Acidente de trabalho e responsabilidade civil do empregador*, 4. ed.; São Paulo: LTr, 2015.

BELMONTE, Alexandre Agra; *Instituições civis no direito do trabalho*, 4. ed.; Rio de Janeiro: Renovar, 2009.

CAIRO JUNIOR, José; *Acidente do trabalho e a responsabilidade civil do empregador*, 7. ed.; São Paulo: LTr, 2014.

CARVALHO, Adriana Pereira; *Revista Codemat* – Meio Ambiente do Trabalho Aplicado, 1. ed.; São Paulo: LTr, 2013.

CASTRO, Maria do Perpétuo Socorro; *Terceirização*, 1. ed.; São Paulo: LTr, 2014.

DALLEGRAVE NETO, José Affonso, Nexo Epidemiológico e seus Efeitos sobre a Ação Trabalhista Indenizatória, 76ª ed.; Belo Horizonte: *Revista TRT 3ª Região*, 2007.

_____; *Responsabilidade Civil no Direito do Trabalho*, 5. ed.; São Paulo: LTr, 2015.

DELGADO, Mauricio Godinho, Curso de Direito do Trabalho, São Paulo: LTr, 2007, 6. ed.;.

DELGADO, Mauricio Godinho e DELGADO, Gabriela Neves; *Constituição da República e Direitos Fundamentais*, 2. ed.; São Paulo: LTr, 2013.

DINIZ, Maria Helena; *Curso de direito civil brasileiro – responsabilidade civil*, 7. ed.; São Paulo: Saraiva, 2004.

FERNANDES, Fábio; *Meio ambiente geral e meio ambiente do trabalho*, 1. ed.; São Paulo: LTr, 2009.

FIORILLO, Celso Antonio Pacheco; *Curso de direito ambiental*, 1. ed.; São Paulo: Saraiva, 2002.

FREITAS *JUNIOR*, Antônio Rodrigues; *Responsabilidade civil nas relações de trabalho*, 1. ed.; São Paulo: LTr, 2011.

GARCIA, Gustavo Filipe Barbosa; *Direitos fundamentais e relações de emprego*, 1. ed.; São Paulo: Método, 2008.

_____, Meio ambiente do trabalho, 4. ed.; São Paulo: Método, 2014.

GIRAUDEAU, Michel Olivier; *Terceirização e responsabilidade do tomador de serviços*, 1. ed.; São Paulo: LTr, 2010.

HUSEK, Carlos Roberto; *Curso básico de direito internacional público e privado do trabalho*, 1. ed.; São Paulo: LTr, 2009.

JUCÁ, Francisco Pedro; *Renovação do direito do trabalho*, 1. ed.; São Paulo: LTr, 2000.

LIMA JUNIOR, Jayme Benvenuto; *Os direitos humanos, econômicos, sociais e culturais*, 1. ed.; Rio de Janeiro: Renovar, 2001.

LIRA, Ronaldo José; *Revista Codemat* – Meio Ambiente do Trabalho Aplicado, 1. ed.; São Paulo: LTr, 2013.

MACHADO, Sidnei; *O direito à proteção ao meio ambiente de trabalho no brasil*, 1. ed.; São Paulo: LTr, 2001.

MAGANO, Octavio Bueno; *Primeiras Lições de Direito do Trabalho*, 3. ed.; São Paulo: Revista dos Tribunais, 2003.

MANHABUSCO, José Carlos e MANHABUSCO, Gianncarlo Camargo; *Responsabilidade objetiva do empregador*, 2. ed.; São Paulo: LTr, 2010.

MANUS, Pedro Paulo Teixeira; *Direito do trabalho*, 10. ed.; São Paulo: Atlas, 2006.

MARTINS, Sergio Pinto; *Direitos fundamentais trabalhistas*, 2. ed.; São Paulo: Atlas, 2008.

_____; *A Terceirização e o direito do trabalho*, 11. ed.; São Paulo: Atlas, 2011.

MELO, Demis Roberto Correia; *Manual de meio ambiente do trabalho*, 1. ed.; São Paulo: LTr, 2010.

MELO, Raimundo Simão; *Direito ambiental do trabalho e a saúde do trabalhador*, 5. ed.; São Paulo: LTr, 2013.

_____, *Ação civil pública na justiça do trabalho*, 3. ed.; São Paulo: LTr, 2008.

MORAES, Alexandre; *Direitos humanos fundamentais*, 2. ed.; São Paulo: Atlas, 1998.

MORAES FILHO, Evaristo e MORAES, Antonio Carlos Flores; *Introdução ao direito do trabalho*, 11. ed.; São Paulo: LTr, 2014.

NASCIMENTO, Amauri Mascaro; *Compêndio de direito sindical*, 7. ed.; São Paulo: LTr, 2012.

NOGUEIRA, Sandro D'Amato; *O princípio da prevenção na vigilância e na saúde ambiental*, 1. ed.; São Paulo: LTr, 2008.

OLIVEIRA, Sebastião Geraldo; *Indenizações por acidente do trabalho ou doença ocupacional*, 5. ed.; São Paulo: LTr, 2009.

_____; *Proteção jurídica à saúde do trabalhador*, 5. ed.; São Paulo: LTr, 2010.

PEREIRA, Jane Reis Gonçalves; I*nterpretação constitucional e direitos fundamentais*, 1. ed.; Rio de Janeiro: Renovar, 2006.

PIOVESAN, Flávia; *Direitos humanos e o direito constitucional internacional*, 1. ed.; São Paulo: Saraiva, 2012.

ROCHA, Júlio César de Sá; *Direito ambiental e meio ambiente de trabalho*, 1. ed.; São Paulo: LTr, 1997.

ROMITA, Arion Sayão; *Direitos fundamentais nas relações de trabalho*, 4. ed.; São Paulo: LTr, 2012.

SALOMÃO, Karina Novah; *A responsabilidade do empregador nas atividades de risco*, 1. ed.; São Paulo: LTr, 2013.

SANTOS, Enoque Ribeiro; *Responsabilidade objetiva e subjetiva do empregador*, 2. ed.; São Paulo: LTr, 2008.

SARLET, Ingo Wolfgang; A Eficácia dos Direitos Fundamentais, Porto Alegre: *Revista do Advogado*, 2003.

SARMENTO, Daniel; *A dimensão objetiva dos direitos fundamentais*, 1. ed.; Belo Horizonte: Del Rey, 2003.

SCHWARZ, Rodrigo Garcia; *Direito coletivo do trabalho*, 1. ed.; São Paulo: Elsevier, 2010.SILVA, Antonio Álvares; *Globalização e terceirização*, 1. ed.; São Paulo: LTr, 2011.SILVA, Homero Batista Mateus; *Direito coletivo do trabalho*, 2. ed.; São Paulo: Elsevier, 2011.

SOBRINHO, Zéu Palmeira; *Terceirização e reestruturação produtiva*, 1. ed.; São Paulo: LTr, 2008.

SÜSSEKIND, Arnaldo; *Convenções da OIT*, São Paulo: 2. ed.; LTr, 1998.

_____; *Direito internacional do trabalho*, 3. ed.; São Paulo: LTr, 2000.

Produção Gráfica e Editoração Eletrônica: Pietra Diagramação
Projeto de capa: Fábio Giglio
Impressão: Gráfica Bartira

E-BOOKS
www.ltr.com.br

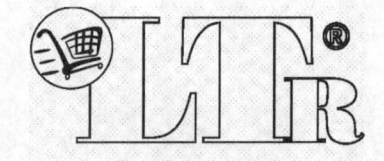

LOJA VIRTUAL
www.ltr.com.br